공무원 편입 토플 텝스 SAT

경선식
영단어

공편토 복습용 암기장

경선식 영단어
공무원 편입 토플 텝스 SAT 복습용 암기장

펴낸날	2020년 8월 11일 (6판 8쇄)
펴낸곳	㈜도서출판 경선식에듀
펴낸이	경선식
마케팅	박경식 · 김보라
디자인	DOTS
주소	서울시 서초구 서초 중앙로 56(서초동) 블루타워 9층
대표전화	02-597-6582
팩스	02-597-6522
등록번호	제 2014-000208호
ISBN	979-11-89902-03-2

파본은 교환해 드립니다.
이 책에 실린 모든 내용에 대한 권리는 (주)도서출판 경선식에듀에 있으므로
무단으로 전재하거나 복제, 배포할 수 없습니다.
강의 및 교재 내용 문의 : 경선식에듀 홈페이지(kssedu.com)

공무원 편입 토플 텝스 SAT

경선식 영단어

공편토 복습용 암기장

세상에 없던
공편토!

"왜 진작 이렇게 책을 만들지 못했었지?" 하는
자화자찬의 마음을 가지고 이번 개정판을
완성하였습니다."

제 인생 처음으로 책을 만들 때만큼이나 많은 정성과 설렘과
조바심, 그리고 창작의 기쁨을 가지고 1년에 가까운 개정
작업을 하였습니다.

원래의 계획보다 6개월이나 늦게 세상의 빛을 보게 된 이유는
절대 게으름 때문이 아니라 더욱 완벽한 책을 만들기 위한
저의 끝없는 욕심 때문이었습니다.

모든 단어의 뜻과 예문들을 여러 사전들을 통해 검색해보고,
공무원, 경찰, 편입, 토플, 텝스, SAT 시험의 방대한 기출 자료들을
검토하고, 만화 기획과 수정, 그리고 연상 설명 하나하나
제가 직접 여러 번 검토와 수정을 해가면서 만든 작품입니다.

그동안 이번 개정판을 만들기 위해 도와주신 모든 분들과
특히 이 책을 더욱 빛나게 해준
이소영 만화 작가님께 고마움을 전합니다.

여러분의 목표를 이루는 데 이 책이
큰 힘을 발휘하길 진심으로 기원합니다.

저자 경선식

이 책의 구성

단어 시험

이 책은 <경선식 영단어 공편토>에 실린 표제어들을 시험지 형식으로 배열하여 스스로 단어 학습 정도를 평가해 볼 수 있도록 하였습니다. 각 표제어들의 뜻을 해마 학습법으로 연상해 본 후, 빈칸에 직접 그 뜻을 적어보세요.

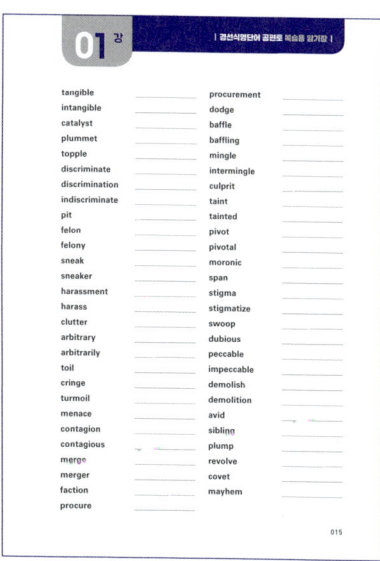

복습

핸디한 사이즈로 휴대를 간편하게 하였고 '단어 시험'에 실린 표제어 순서대로 단어의 뜻과 발음을 함께 수록하여 시험 채점을 수월하게 했습니다.

STUDY PLAN
학습 계획표

강	공부한 날짜	잘 안 외워지는 단어	확인
01	/		☐
02	/		☐
03	/		☐
04	/		☐
05	/		☐
06	/		☐
07	/		☐
08	/		☐
09	/		☐
10	/		☐

강	공부한 날짜	잘 안 외워지는 단어	확인
11	/		☐
12	/		☐
13	/		☐
14	/		☐
15	/		☐
16	/		☐
17	/		☐
18	/		☐
19	/		☐
20	/		☐

STUDY PLAN
학습 계획표

강	공부한 날짜	잘 안 외워지는 단어	확인
21	/		☐
22	/		☐
23	/		☐
24	/		☐
25	/		☐
26	/		☐
27	/		☐
28	/		☐
29	/		☐
30	/		☐

강	공부한 날짜	잘 안 외워지는 단어	확인
31	/		☐
32	/		☐
33	/		☐
34	/		☐
35	/		☐
36	/		☐
37	/		☐
38	/		☐
39	/		☐
40	/		☐

STUDY PLAN
학습 계획표

강	공부한 날짜	잘 안 외워지는 단어	확인
41	/		☐
42	/		☐
43	/		☐
44	/		☐
45	/		☐
46	/		☐
47	/		☐
48	/		☐
49	/		☐
50	/		☐

강	공부한 날짜	잘 안 외워지는 단어	확인
51	/		☐
52	/		☐
53	/		☐
54	/		☐
55	/		☐
56	/		☐
57	/		☐
58	/		☐
59	/		☐
60	/		☐

STUDY PLAN
학습 계획표

강	공부한 날짜	잘 안 외워지는 단어	확인
61	/		☐
62	/		☐
63	/		☐
64	/		☐
65	/		☐
66	/		☐
67	/		☐
68	/		☐
69	/		☐
70	/		☐

강	공부한 날짜	잘 안 외워지는 단어	확인
71	/		☐
72	/		☐
73	/		☐
74	/		☐
보충어휘	/		☐

01강

tangible		procurement	
intangible		dodge	
catalyst		baffle	
plummet		baffling	
topple		mingle	
discriminate		intermingle	
discrimination		culprit	
indiscriminate		taint	
pit		tainted	
felon		pivot	
felony		pivotal	
sneak		moronic	
sneaker		span	
harassment		stigma	
harass		stigmatize	
clutter		swoop	
arbitrary		dubious	
arbitrarily		peccable	
toil		impeccable	
cringe		demolish	
turmoil		demolition	
menace		avid	
contagion		sibling	
contagious		plump	
merge		revolve	
merger		covet	
faction		mayhem	
procure			

tangible [tǽndʒəbl] a. 실재하는, 유형(有形)의, 분명한
intangible [intǽndʒəbl] a. 무형의, 막연한
catalyst [kǽtəlist] n. 촉매, 기폭제
plummet [plʌ́mit] v. 수직으로 떨어지다, 급락하다
topple [tápl] v. 쓰러뜨리다, 넘어지다
discriminate [diskrímineìt] v. ¹ 식별하다 ² 차별하다
discrimination [diskrìmənéiʃən] n. ¹ 식별 ² 차별
indiscriminate [ìndiskrímənət] a. ¹ 무차별의 ² 무분별한
pit [pit] n. 구멍, 구덩이
felon [félən] n. 중죄인, 흉악범
felony [féləni] n. 중죄, 흉악 범죄
sneak [sni:k] v. 몰래 움직이다, 몰래하다
sneaker [sníːkər] n. 몰래 하는 사람, 비열한 사람
harassment [hərǽsmənt] n. 괴롭힘, (성적) 추행
harass [hərǽs] v. 괴롭히다
clutter [klʌ́tər] n. 난장판, 혼란 v. 난장판을 만들다
arbitrary [áːrbitrəri] a. 독단적인, 제멋대로인
arbitrarily [áːrbətrèrəli] ad. 독단적으로, 제멋대로
toil [tɔil] v. 힘들게 일하다 n. 노역, 고역
cringe [krindʒ] v. (겁이 나서) 움찔하다, 움츠리다
turmoil [tə́ːrmɔil] n. 소란, 소동, 혼란
menace [ménəs] n. 협박, 위협
contagion [kəntéidʒən] n. 전염, 전염병
contagious [kəntéidʒəs] a. 전염성의
merge [məːrdʒ] v. 합병하다, 합치다
merger [mə́ːrdʒər] n. 합병
faction [fǽkʃən] n. 당파, 파벌
procure [proukjúər] v. 얻다, 획득하다
procurement [proukjúərmənt] n. 획득, 조달
dodge [dadʒ] v. (재빨리) 휙 몸을 피하다, 회피하다
baffle [bǽfl] v. 몹시 당황스럽게 하다, 도저히 이해할 수 없게 하다
baffling [bǽfliŋ] a. 당황하게 하는, 이해할 수 없는
mingle [míŋgl] v. 섞다, 섞이다

intermingle [ìntərmíŋgl] v. 뒤엉키다
culprit [kʌ́lprit] n. 범인, 범죄자
taint [teint] v. 더럽히다, 오염시키다 n. 오점
tainted [téintid] a. 더러워진, 오염된
pivot [pívət] n. 중심점, 중심인물, 회전축
pivotal [pívətl] a. 중추적인, 중요한
moronic [mɔːránik] a. 바보의, 저능의
span [spæn] n. ¹ 거리, 폭, 범위 ² (지속) 시간(기간)
stigma [stígmə] n. 수치, 오명
stigmatize [stígmətàiz] v. 오명을 씌우다, 비난하다
swoop [swuːp] v. 급강하하다, 급습하다 n. 급강하, 급습
dubious [djúːbiəs] a. 의심스러운
peccable [pékəbl] a. 과오를 범하기 쉬운
impeccable [impékəbl] a. 흠잡을 데 없는
demolish [dimáliʃ] v. 때려 부수다, 파괴하다, 철거하다
demolition [dèməlíʃən] n. 파괴, 철거
avid [ǽvid] a. 탐하는, 갈망하는, 열렬한
sibling [síbliŋ] n. 형제자매
plump [plʌmp] a. 통통한, 토실토실한
revolve [riválv] v. (~의 주위를) 돌다, 회전하다
covet [kʌ́vit] v. 탐내다, 갈망하다
mayhem [méihem] n. 대혼란, 아수라장

02강 | 경선식영단어 공편토 복습용 암기장 |

squander	_____	hypocrite	_____
robust	_____	hypocritical	_____
deteriorate	_____	authentic	_____
shiver	_____	authenticate	_____
torture	_____	authentication	_____
axis	_____	authenticity	_____
assiduous	_____	detriment	_____
bully	_____	detrimental	_____
curtail	_____	junction	_____
folly	_____	rub	_____
eradicate	_____	fatigue	_____
bin	_____	indefatigable	_____
coma	_____	lash	_____
comatose	_____	mitigate	_____
anguish	_____	mitigation	_____
orthodox	_____	unmitigated	_____
guru	_____	eclipse	_____
abandon	_____	solar eclipse	_____
swift	_____	lunar eclipse	_____
swiftly	_____	affiliate	_____
abhor	_____	affiliation	_____
abhorrent	_____	shun	_____
adjourn	_____	pause	_____
adjournment	_____	condolence	_____
strategy	_____	fringe	_____
strategic	_____	exacerbate	_____
protagonist	_____	autopsy	_____
hypocrisy	_____		

02강 | 복습

squander [skwándər] v. 낭비하다
robust [roubʌ́st] a. 튼튼한
deteriorate [ditíəriərèit] v. (질·가치 등이) 떨어지다, 나빠지다, 악화되다
shiver [ʃívər] v. (몸을) 떨다 n. 전율
torture [tɔ́:rtʃər] n. 고통, 고문 v. 고문하다
axis [ǽksis] n. 중심축, 축선
assiduous [əsídʒuəs] a. 근면한, 성실한
bully [búli] v. 괴롭히다, 겁주다 n. 괴롭히는 사람
curtail [kə:rtéil] v. 줄이다, 축소하다
folly [fáli] n. 어리석음
eradicate [irǽdikèit] v. 뿌리 뽑다, 근절하다
bin [bin] n. 쓰레기통, (저장용) 통, (짐 등을 위한) 칸
coma [kóumə] n. 혼수상태
comatose [kóumətòus] a. 혼수상태인
anguish [ǽŋgwiʃ] n. 심한 고통, 괴로움
orthodox [ɔ́:rθədɔ̀ks] a. 정통의, 전통적인
guru [gúru:] n. 권위자, 전문가
abandon [əbǽndən] v. 버리다, 포기하다
swift [swift] a. 신속한, 빠른
swiftly [swíftli] ad. 신속히, 빨리
abhor [əbhɔ́:r] v. 아주 싫어하다, 혐오하다
abhorrent [əbhɔ́:rənt] a. 몹시 싫은
adjourn [ədʒə́:rn] v. (재판·회의 등을) 중단하다, 휴정하다, 휴회하다
adjournment [ədʒə́:rnmənt] n. 연기, 휴회
strategy [strǽtədʒi] n. 전술, 전략
strategic [strətí:dʒik] a. 전략상의
protagonist [proutǽgənist] n. 주인공, 주창자
hypocrisy [hipákrəsi] n. 위선, 위선 행위
hypocrite [hípəkrit] n. 위선자
hypocritical [hìpəkrítikəl] a. 위선적인
authentic [ɔ:θéntik] a. 진짜의, 진품의
authenticate [ɔ:θéntəkèit] v. 진짜임을 입증하다
authentication [ɔ:θèntikéiʃən] n. 입증, 인증
authenticity [ɔ̀:θentísəti] n. 진짜임

detriment [détrimənt] n. 손해, 손상
detrimental [dètrəméntl] a. 손해를 입히는, 해로운
junction [dʒʌ́ŋkʃən] n. 교차로, 연결지점
rub [rʌb] v. 비비다, 문지르다
fatigue [fətí:g] n. 피로, 피곤
indefatigable [ìndifǽtigəbl] a. 지칠 줄 모르는, 포기할 줄 모르는
lash [læʃ] v. [1] 채찍질하다, 후려치다 [2] 단단히 묶다
mitigate [mítigèit] v. 누그러뜨리다, 완화시키다
mitigation [mìtigéiʃən] n. 완화
unmitigated [ʌnmítigèitid] a. 완화(경감)되지 않은, 순전한
eclipse [iklíps] n. (해·달의) 식 v. (빛을) 가리다
solar eclipse 일식
lunar eclipse 월식
affiliate [əfílièit] v. 제휴하다, 연계하다, 가입하다 n. 계열회사
affiliation [əfìliéiʃən] n. 제휴, 가입
shun [ʃʌn] v. 피하다
pause [pɔ:z] v. 잠시 멈추다 n. 멈춤
condolence [kəndóuləns] n. 애도, 조의
fringe [frindʒ] n. 주변부, 변두리, 비주류
exacerbate [igzǽsərbèit] v. 악화시키다
autopsy [ɔ́:tɔpsi] n. (사체의) 부검

03강

mundane	_____	euthanasia	_____
horrendous	_____	gutless	_____
curb	_____	gut	_____
demented	_____	traverse	_____
dementia	_____	diffuse	_____
vulnerable	_____	diffusion	_____
invulnerable	_____	stark	_____
maneuver	_____	dazzle	_____
assault	_____	martyr	_____
loot	_____	martyrdom	_____
sanction	_____	obsolete	_____
splash	_____	cohesion	_____
unleash	_____	cohesive	_____
leash	_____	persecution	_____
churn	_____	persecute	_____
versatile	_____	celebrity	_____
fling	_____	celebrated	_____
onset	_____	alias	_____
hygiene	_____	criterion	_____
hygienic	_____	criteria	_____
condone	_____	frivolous	_____
blight	_____	frivolity	_____
opaque	_____	abdominal	_____
pant	_____	abdomen	_____
commend	_____		
commendable	_____		
costume	_____		
hamper	_____		

03강 | 복습

mundane [mʌndéin] a. 일상적인, 재미없는, 세속적인
horrendous [hɔːréndəs] a. 참혹한, 끔찍한
curb [kəːrb] v. 억제하다 n. 연석(차도와 인도 사이의 경계가 되는 돌)
demented [diméntid] a. 미친, 발광한
dementia [dimén∫ə] n. 치매
vulnerable [vʌ́lnərəbl] a. 상처받기 쉬운, 피해를 입기 쉬운
invulnerable [invʌ́lnərəbl] a. 상처 줄 수 없는, 불사신의
maneuver(= manoeuvre) [mənúːvər] n. 책략, 군사(기동) 훈련 v. (능숙하게 조심조심) 움직이다, 교묘히 다루다
assault [əsɔ́ːlt] v. 공격하다, 폭행하다 n. 습격, 폭행
loot [luːt] v. 훔치다, 약탈하다 n. 약탈품
sanction [sǽŋk∫ən] n. ¹ 제재 ² 허가
splash [splæ∫] v. (물·흙탕 등을) 튀기다, 첨벙거리다
unleash [ʌnlíː∫] v. 속박을 풀다, (반응·감정 등을) 불러일으키다
leash [liː∫] n. 사슬, 속박 v. 속박하다
churn [t∫əːrn] v. (물·마음 등을) 휘젓다, 뒤틀리게 하다
versatile [vəːrsətàil] a. 재주 많은, 다용도의
fling [fliŋ] v. 내던지다, 내동댕이치다
onset [ɔ́ːnsèt] n. 습격, (질병 등의) 시작
hygiene [háidʒiːn] n. 위생
hygienic [hàidʒiénik] a. 위생적인
condone [kəndóun] v. 용서하다, 용납하다
blight [blait] ¹ v. 망치다, 손상시키다 n. 망침, 손상 ² n. 병충해
opaque [oupéik] a. 불투명한, 불분명한
pant [pænt] v. (숨을) 헐떡거리다
commend [kəménd] v. 칭찬하다, 추천하다
commendable [kəméndəbl] a. 칭찬할 만한
costume [kástjuːm] n. 의상, 복장
hamper [hǽmpər] v. 방해하다

euthanasia [jùːθənéiziə] n. 안락사
gutless [gʌ́tlis] a. 배짱이 없는, 용기 없는
gut [gʌt] n. 배짱, 창자
traverse [trəvəːrs] v. 가로지르다, 횡단하다 n. 횡단
diffuse [difjúːz] v. 퍼지다, 퍼뜨리다 a. 분산된
diffusion [difjúːʒən] n. 발산, 확산
stark [staːrk] a. 뚜렷한, 극명한
dazzle [dǽzl] v. 눈부시게 하다 n. 눈부심
martyr [máːrtər] n. 순교자, 희생자
martyrdom [máːrtərdəm] n. 순교
obsolete [àbsəlíːt] a. 사용되지 않는, 구식의
cohesion [kouhíːʒən] n. 결합, 화합
cohesive [kouhíːsiv] a. 결합하는, 화합하는
persecution [pəːrsikjúː∫ən] n. (특히 종교상의) 박해, 학대
persecute [pəːrsikjùːt] v. 박해하다
celebrity [səlébrəti] n. 유명인사
celebrated [séləbrèitid] a. 유명한, 고명한
alias [éiliəs] ad. 일명 ~라 불리는 n. 가명
criterion [kraitíəriən] n. (판단·평가의) 기준
criteria [kraitíəriə] n. 기준들
frivolous [frívələs] a. ¹ 경박한, 경솔한 ² 하찮은
frivolity [frivάləti] n. 경솔, 경박
abdominal [æbdámənəl] a. 복부의, 배의
abdomen [ǽbdəmən] n. 배, 복부

04강

custody	_____	hostile	_____
custodial	_____	hostility	_____
custodian	_____	gasp	_____
distraught	_____	sue	_____
haunt	_____	tentative	_____
potent	_____	vogue	_____
sluggish	_____	kin	_____
frantic	_____	kinship	_____
pomposity	_____	akin	_____
pompous	_____	tint	_____
emanate	_____	ambiguous	_____
perpetrate	_____	irritable	_____
swarm	_____	irritate	_____
feeble	_____	irritation	_____
enfeeble	_____	grotesque	_____
slur	_____	extravagant	_____
fraud	_____	naggy	_____
fraudulent	_____	nag	_____
filibuster	_____	awkward	_____
cater	_____	monastery	_____
massacre	_____	sniper	_____
savage	_____	cumbersome	_____
taunt	_____		
seismic	_____		
courier	_____		
arrogant	_____		
arrogance	_____		
convoy	_____		

04강 | 복습

custody [kʌ́stədi] n. 감금, 보호(관리), 양육권
custodial [kʌstóudiəl] a. 양육권의, 구금의
custodian [kʌstóudiən] n. 관리인
distraught [distrɔ́:t] a. 완전히 제정신이 아닌
haunt [hɔ:nt] v. (유령 등이) 출몰하다, 늘 따라다니다
potent [póutnt] a. 강력한
sluggish [slʌ́giʃ] a. 느릿느릿 움직이는, 부진한
frantic [frǽntik] a. 정신없는, 광란의
pomposity [pɑmpɑ́səti] n. 젠체함, 거만
pompous [pɑ́mpəs] a. 젠체하는, 거만한
emanate [émənèit] v. (느낌·빛·소리 등을) 내다, 나오다
perpetrate [pə́:rpətrèit] v. (죄·과실 등을) 저지르다
swarm [swɔ:rm] n. (벌·개미 등의) 떼 v. 들끓다
feeble [fí:bl] a. 약한, 미미한
enfeeble [infí:bl] v. 약화시키다
slur [slə:r] ¹ n. 중상, 비방 ² v. 불분명하게 발음하다
fraud [frɔ:d] n. 사기, 사기꾼
fraudulent [frɔ́:dʒulənt] a. 속이는, 사기의
filibuster [fílibʌ̀stər] n. (의회에서의) 의사 진행 방해 (전술)
cater [kéitər] v. 음식을 공급하다
massacre [mǽsəkər] n. 대량 학살 v. 학살하다
savage [sǽvidʒ] a. 야만적인, 흉포한 n. 야만인
taunt [tɔ:nt] v. 비웃다, 모욕하다
seismic [sáizmik] a. ¹ 지진의 ² 엄청난
courier [kúriər] n. 배달원, 택배 회사
arrogant [ǽrəgənt] a. 거만한, 오만한
arrogance [ǽrəgəns] n. 거만, 오만
convoy [kənvɔ́i] n. 호위, 호송
hostile [hɑ́stl] a. 적대적인
hostility [hɑstíləti] n. 적개심
gasp [gæsp] v. 헐떡거리다, 숨이 차다
sue [su:] v. 고소하다
tentative [téntətiv] a. 임시의, 잠정적인
vogue [voug] n. 유행

kin [kin] n. 친족, 친척
kinship [kínʃip] n. 친족(관계), 연대감
akin [əkín] a. 친척의, 유사한
tint [tint] n. 색깔, 색조, (머리의) 염색 v. 염색하다
ambiguous [æmbígjuəs] a. 모호한, 분명하지 않은
irritable [írətəbl] a. 화를 잘 내는, 짜증을 내는
irritate [írətèit] v. 화나게 하다, 짜증나게 하다
irritation [ìrətéiʃən] n. 짜증나게 함, 화
grotesque [groutésk] a. 터무니없는, 기괴한
extravagant [ikstrǽvəgənt] a. 도가 지나친, 낭비하는, 사치스러운
naggy [nǽgi] a. 잔소리가 심한, 들볶는
nag [næg] v. 잔소리 하다, 들볶다
awkward [ɔ́:kwərd] a. 어색한, 불편한
monastery [mɑ́nəstèri] n. 수도원
sniper [snáipər] n. 저격병
cumbersome [kʌ́mbərsəm] a. 거추장스러운, (크고 무거워) 다루기 힘든, 복잡하고 느린

05강

bail	_____	frenzied	_____
metabolism	_____	obsession	_____
metabolic	_____	obsess	_____
convict	_____	privilege	_____
conviction	_____	notorious	_____
liaison	_____	censor	_____
weird	_____	censorship	_____
skirmish	_____	mutter	_____
devastate	_____	juvenile	_____
devastating	_____	rejuvenate	_____
devastation	_____	shove	_____
veto	_____	avalanche	_____
distress	_____	naughty	_____
celestial	_____	fiasco	_____
vague	_____	guise	_____
tenure	_____	disguise	_____
oblige	_____	fungus	_____
obligation	_____	fungal	_____
obligatory	_____	antifungal	_____
obligate	_____	pension	_____
be obliged to	_____	blunt	_____
nausea	_____	badger	_____
nauseate	_____	mortgage	_____
nauseous	_____	filthy	_____
collate	_____	ratify	_____
stab	_____	ratification	_____
bizarre	_____	shudder	_____
frenzy	_____		

05강 | 복습

bail [beil] n. 보석(금) v. 보석으로 풀어주다
metabolism [mətǽbəlìzm] n. 신진대사
metabolic [mètəbálik] a. 신진대사의
convict [kənvíkt] v. 유죄를 선고하다
conviction [kənvíkʃən] n. 유죄판결, 확신, 신념
liaison [líəzɑ:n] n. 연락
weird [wiərd] a. 이상한, 기묘한
skirmish [skə́:rmiʃ] n. 작은 전투, 작은 충돌
devastate [dévəstèit] v. 엄청난 충격을 주다, 완전히 파괴하다
devastating [dévəstèitiŋ] a. 대단히 파괴적인, 엄청나게 충격적인
devastation [dèvəstéiʃən] n. 대대적인 파괴
veto [ví:tou] n. 거부권 v. 거부하다
distress [distrés] v. 괴롭히다, 고통스럽게 하다 n. 고통, 고충
celestial [səléstiəl] a. 하늘의, 천상의
vague [veig] a. 모호한, 희미한
tenure [ténjər] n. 재임 기간, (주택·토지의) 거주권〔사용권〕
oblige [əbláidʒ] v. 의무를 지우다, 억지로 시키다
obligation [àbləgéiʃən] n. 의무
obligatory [əblígətɔ̀:ri] a. 의무적인
obligate [ábləgèit] v. 의무를 지우다
be obliged to 어쩔 수 없이 ~하다, ~해야 하다
nausea [nɔ́:siə] n. 메스꺼움, 구역질
nauseate [nɔ́:zièit] v. 구역질나게 하다
nauseous [nɔ́:ʃəs] a. 진저리나는
collate [kəléit] v. 대조하다, (정보 등을) 분석하다
stab [stæb] v. 찌르다
bizarre [bizɑ́:r] a. 기괴한, 특이한
frenzy [frénzi] n. 광분, 광란
frenzied [frénzid] a. 열광한, 광란의
obsession [əbséʃən] n. 강박관념, 집착
obsess [əbsés] v. ~생각만 하게 하다, 강박감을 갖다
privilege [prívilidʒ] n. 특권, 특혜 v. 특권을 주다

notorious [noutɔ́:riəs] a. 악명 높은
censor [sénsər] v. 검열하다, 검열하여 삭제하다
censorship [sénsərʃip] n. 검열, 검열관
mutter [mʌ́tər] v. 중얼거리다, 투덜거리다
juvenile [dʒú:vənail] n. 청소년 a. 청소년의, 어린애 같은
rejuvenate [ridʒú:vənèit] v. 다시 젊어지게 하다, 활기를 되찾게 하다
shove [ʃʌv] v. (거칠게) 밀다, 밀어 넣다
avalanche [ǽvəlæntʃ] n. 눈사태, 산사태, 쇄도
naughty [nɔ́:ti] a. 버릇없는, 말썽쟁이의
fiasco [fiǽskou] n. 대실패
guise [gaiz] n. (평상시와 다른) 겉모습, 겉치레
disguise [disgáiz] v. 변장〔위장〕하다, 숨기다 n. 변장
fungus [fʌ́ŋgəs] n. 균류, 곰팡이류
fungal [fʌ́ŋgəl] a. 균의, 곰팡이의
antifungal [æ̀ntifʌ́ŋgəl] a. 항균성의, 살균의
pension [pénʃən] n. 연금
blunt [blʌnt] ¹ a. 무딘, 뭉툭한 v. 무디게 하다 ² a. 퉁명스러운, 직설적인
badger [bǽdʒər] v. 졸라대다, 못살게 굴다
mortgage [mɔ́:rgidʒ] n. 저당, 담보 대출
filthy [fílθi] a. 아주 더러운
ratify [rǽtəfài] v. 승인하다, 비준하다
ratification [ræ̀təfikéiʃən] n. 승인, 비준
shudder [ʃʌ́dər] v. 떨다, 몸서리치다

06강

feasible		startling	
feasibility		rhetoric	
whip		clutch	
obscure		airs	
accrue		put on airs	
accretion		disparate	
durable		disparity	
durability		parity	
patrol		diagnose	
analogy		diagnosis	
analogous		dogged	
cliche		entity	
cliched		decline	
tribute		audit	
dense		adolescence	
density		adolescent	
densely		mortal	
hilarious		mortality	
hilarity		immortal	
stack		perverse	
cope		villain	
cope with		engaging	
patent		predator	
pluck		norm	
mandate		pundit	
scatter		quarantine	
calling		asylum	
startle			

06강 | 복습

feasible [fíːzəbl] a. 실현 가능한
feasibility [fìːzəbíləti] n. 실행할 수 있음, 실행 가능성
whip [hwip] ¹v. 채찍질하다 n. 채찍 ²v. 휘젓다, 획 움직이게 하다
obscure [əbskjúər] a. 분명치 않은, 모호한
accrue [əkrúː] v. 증가하다, 누적되다, (이자 등이) 생기다
accretion [əkríːʃən] n. 증가, 첨가
durable [dúrəbl] a. 오래가는, 내구력이 있는
durability [djùərəbíləti] n. 내구성, 내구력
patrol [pətróul] n. 순찰 v. 순찰하다
analogy [ənǽlədʒi] n. 유추, 유사, 비유
analogous [ənǽləgəs] a. 유사한, 비슷한
cliche [kliːʃéi] n. 상투적인 표현, 진부한 말
cliched [kliːʃéid] a. 진부한, 상투적인
tribute [tríbjuːt] n. 경의, 찬사
dense [dens] a. 밀집한, 빽빽한
density [dénsəti] n. 밀도, 농도
densely [dénsli] ad. 조밀하게
hilarious [hilériəs] a. 재미있는, 즐거운
hilarity [hilǽrəti] n. 환희, 유쾌
stack [stæk] n. 더미, 많음 v. 쌓다, 쌓이다
cope [koup] v. 맞서다, 대처하다
cope with ~에 맞서다, ~에 대처하다
patent [péitənt] a. 특허의 n. 특허권
pluck [plʌk] v. 뜯다, 잡아 뽑다
mandate [mǽndeit] ¹n. 지시, 명령 ²n. 권한 v. 권한을 주다
scatter [skǽtər] v. 흩뿌리다, 흩어지다
calling [kɔ́ːliŋ] n. 천직, 소명
startle [stáːrtl] v. 깜짝 놀라게 하다
startling [stáːrtliŋ] a. 깜짝 놀라게 하는, 놀라운
rhetoric [rétərik] n. 미사여구, 수사학
clutch [klʌtʃ] v. 붙들다, 꽉 잡다
airs [εəz] n. 젠체하는 태도

put on airs 젠체하다
disparate [díspərət] a. 다른, 이질적인
disparity [dispǽrəti] n. 차이, 불일치
parity [pǽrəti] n. 동등
diagnose [dáiəgnòuz] v. 진단하다
diagnosis [dàiəgnóusis] n. 진단
dogged [dɔ́ːgid] a. 완강한, 고집 센
entity [éntəti] n. 실체, 존재, 독립체
decline [dikláin] ¹v. 거절하다 ²v. 감소하다 n. 쇠퇴, 감소
audit [ɔ́ːdit] n. 회계감사, (회사 등의) 감사 v. 회계감사하다
adolescence [ædəlésns] n. 청소년기, 사춘기
adolescent [ædəlésnt] a. 청년기의, 청춘의
mortal [mɔ́ːrtl] a. 죽어야 할 운명의, 치명적인
mortality [mɔːrtǽləti] n. 죽을 운명, 사망률
immortal [imɔ́ːrtl] a. 죽지 않는, 불멸의
perverse [pərvə́ːrs] a. (사고방식·태도가) 비뚤어진(삐딱한)
villain [víləN] n. 악당
engaging [ingéidʒiŋ] a. 매력적인, 상냥한
predator [prédətər] n. 포식자, 포식동물
norm [nɔːrm] n. 기준, 표준, 규범
pundit [pʌ́ndit] n. 박식한 사람, 전문가
quarantine [kwɔ́ːrəntìːn] n. (전염병 때문에) 격리 v. 격리하다
asylum [əsáiləm] n. 망명

07강

linger		viability	
momentum		aviation	
patron		aviator	
patronage		isolate	
patronize		isolation	
harry		forensic	
stress		repeal	
propagate		sprinkle	
propagation		trivial	
propaganda		dire	
vary		tariff	
varying		tariff barrier	
various		beneath	
variant		manifest	
variable		slaughter	
invariable		streamline	
variation		maritime	
invariant		sober	
mug		sobriety	
enthusiasm		freight	
enthusiastic		peasant	
bolt		lethal	
spite		hostage	
accountable		illusion	
cardinal		illusory	
threshold		disillusion	
devolve		aggravate	
rigorous		aggravation	
rigor		freak	
viable			

07강 | 복습

linger [líŋgər] v. 오래 남다, 오래 계속되다
momentum [mouméntəm] n. 추진력, 가속도
patron [péitrən] n. 후원자, 고객
patronage [péitrənidʒ] n. 후원, 애용
patronize [péitrənàiz] v. [1] 후원하다, 애용하다 [2] 깔보는 듯이 대하다
harry [hǽri] v. 괴롭히다, 못살게 굴다
stress [stres] [1] n. 압박, 스트레스 [2] n. 강조, 강세 v. 강조하다
propagate [prápəgèit] v. [1] 선전하다, 전파하다 [2] 번식시키다
propagation [pràpəgéiʃən] n. [1] 전파, 선전 [2] 번식
propaganda [pràpəgǽndə] n. (정치적 허위, 과장) 선전
vary [véri] v. 각기 다르다, 달라지다
varying [véəriŋ] a. 가지각색의, 달라지는
various [véəriəs] a. 가지각색의
variant [véəriənt] a. 다른, 다양한 n. 변종
variable [véəriəbl] a. 가변적인 n. 변수
invariable [invéəriəbl] a. 불변의, 바꿀 수 없는
variation [vèəriéiʃən] n. 변화, 변형
invariant [invéəriənt] a. 변함없는
mug [mʌg] [1] n. 머그잔 [2] v. 강도짓 하다
enthusiasm [inθú:ziæzm] n. 열의, 열정, 열광
enthusiastic [inθù:ziǽstik] a. 열광적인, 열렬한
bolt [boult] [1] n. 볼트(나사못) [2] n. 도망 v. 달아나다
spite [spait] n. 원한, 악의
accountable [əkáuntəbl] a. 책임이 있는
cardinal [ká:rdinəl] a. 기본적인, 중요한
threshold [θréʃhould] n. 문지방, 문턱, 한계점
devolve [diválv] v. (권리 · 의무 등을) 양도하다, 위임하다
rigorous [rígərəs] a. 엄격한, 철저한
rigor [rígər] n. 엄격함
viable [váiəbl] a. 실행 가능한, 생존 가능한
viability [vàiəbíləti] n. 실행 가능성, 생존 능력

aviation [èiviéiʃən] n. 비행, 항공
aviator [éivièitər] n. 비행사
isolate [áisəlèit] v. 고립시키다, 격리시키다
isolation [àisəléiʃən] n. 고립, 격리, 분리
forensic [fərénsik] a. 법의학적인, 과학 수사의
repeal [ripí:l] v. (법률 등을) 폐지하다 n. 폐지
sprinkle [spríŋkl] v. (흩)뿌리다 n. 보슬비
trivial [tríviəl] a. 하찮은, 쓸데없는
dire [daiər] a. 대단히 심각한, 끔찍한
tariff [tǽrif] n. 관세
tariff barrier 관세장벽
beneath [biní:θ] ad. 아래에 prep. ~ 밑에
manifest [mǽnifèst] a. 분명한 v. 드러나다, 나타내다
slaughter [slɔ́:tər] v. 도살하다, 학살하다 n. 도살, 학살
streamline [strí:mlàin] v. 간소화하다, 능률화하다
maritime [mǽritàim] a. 바다의, 해양의
sober [sóubər] a. [1] 술 취하지 않은 [2] 진지한
sobriety [səbráiəti] n. 술 취하지 않음, 맨 정신
freight [freit] n. 화물, 화물운송
peasant [pézənt] n. 농민, 소작농
lethal [lí:θəl] a. 치명적인(죽음을 초래할 정도의)
hostage [hástidʒ] n. 인질
illusion [ilú:ʒən] n. 환영, 망상, 착각
illusory [ilú:səri] a. 환영의, 환상의
disillusion [dìsilú:ʒən] v. 환상에서 깨어나게 하다 n. 각성, 환멸
aggravate [ǽgrəvèit] v. 악화시키다
aggravation [ægrəvéiʃən] n. 악화
freak [fri:k] [1] n. 별난 사람(것), 괴짜 a. 별난, 기이한 [2] v. 기겁하다

08강

daunt	_____	gross	_____
dauntless	_____	lag	_____
undaunted	_____	grim	_____
erode	_____	shrink	_____
erosion	_____	sovereign	_____
elusive	_____	portion	_____
elude	_____	ludicrous	_____
gorgeous	_____	traumatic	_____
starvation	_____	trauma	_____
starve	_____	rip-off	_____
mean	_____	rip	_____
fiscal	_____	refuge	_____
abode	_____	refugee	_____
fertile	_____	rant	_____
secure	_____	grip	_____
console	_____	holocaust	_____
consolation	_____	trail	_____
disconsolate	_____	defer	_____
deputy	_____	hangover	_____
vigor	_____	gloomy	_____
vigorous	_____	naive	_____
invigorate	_____	secular	_____
poll	_____		
simmer	_____		
shimmer	_____		
entail	_____		
prop	_____		
reckless	_____		

08강 | 복습

daunt [dɔːnt] v. 위협하다, 기를 죽이다
dauntless [dɔ́ːntlis] a. 불굴의, 대담무쌍한
undaunted [ʌndɔ́ːntid] a. 굽히지 않는, 용감한
erode [iróud] v. 침식하다, 서서히 약화시키다
erosion [iróuʒən] n. 침식
elusive [ilúːsiv] a. [1] 달아나기 쉬운, 교묘히 피하는 [2] 파악하기 힘든, 찾기 힘든
elude [ilúːd] v. 피하다, 회피하다
gorgeous [gɔ́ːrdʒəs] a. 아주 멋진, 아주 아름다운
starvation [staːrvéiʃən] n. 굶주림, 기아
starve [staːrv] v. 굶어 죽다, 굶주리다
mean [miːn] [1] v. ~을 의미하다 [2] a. 비열한, 못된 [3] a. 인색한
fiscal [fískəl] a. 재정적인, 회계의
abode [əbóud] n. 주소, 거주지
fertile [fɔ́ːrtl] a. 비옥한, (창의력·상상력 등이) 풍부한
secure [sikjúər] [1] a. 안전한 [2] v. 얻다, 획득하다
console [kənsóul] v. 위로하다
consolation [kànsəléiʃən] n. 위로, 위안
disconsolate [diskánsələt] a. 위안이 없는, 암담한
deputy [dépjuti] n. (한 조직의 최고 계급 다음 가는 직급인) 부-(부대표, 부사장...), 대리인
vigor [vígər] n. 활기, 정력
vigorous [vígərəs] a. 원기 왕성한, 활기찬
invigorate [invígərèit] v. 활기를 북돋우다, 기운 나게 하다
poll [poul] n. 투표, 여론조사
simmer [símər] v. 부글부글 끓다, (화가 나서) 부글부글 끓다
shimmer [ʃímər] v. (희미하게) 빛나다 n. 희미한 빛
entail [intéil] v. 수반하다
prop [prɑːp] n. 버팀목 v. 떠받치다
reckless [rékləs] a. 앞뒤를 가리지 않는, 무모한
gross [grous] [1] ad. 모두 합해 a. 총- [2] a. 심한, 엄청난
lag [læg] v. 뒤처지다 n. 지체, 지연

grim [grim] a. 엄숙한, 암울한, 음산한
shrink [ʃriŋk] v. 움츠리다, 오그라들다
sovereign [sávərən] [1] a. 자주적인, 독립된 [2] n. 군주, 국왕 a. 최고 권력을 가진
portion [pɔ́ːrʃən] n. 일부, 부분, 몫
ludicrous [lúːdikrəs] a. 바보 같은, 터무니없는
traumatic [trəmǽtik] a. 정신적 쇼크의, 대단히 충격적인
trauma [tráumə] n. (정신적) 외상, 쇼크, 트라우마
rip-off [ríp-ɔːf] n. 착취, 바가지 (물품)
rip [rip] v. 쪼개다, 찢다
refuge [réfjuːdʒ] n. 피난, 도피, 피난처
refugee [rèfjudʒíː] n. 피난민, 망명자
rant [rænt] v. 고함치다, 폭언하다
grip [grip] [1] v. 꽉 잡다 n. 꽉 잡음, 손잡이 [2] n. 파악, 이해
holocaust [háləkɔ̀ːst] n. [1] 대참사 [2] 홀로코스트(1930~40년대 나치에 의한 유대인 대학살)
trail [treil] [1] v. 끌다, 끌리다 [2] n. 흔적, 자취 v. 뒤쫓다
defer [difɔ́ːr] v. 미루다, 연기하다
hangover [hǽŋòuvər] n. 숙취
gloomy [glúːmi] a. 우울한, 음울한
naive [naːíːv] a. 순진한
secular [sékjulər] a. 세속적인, 속세의

09강 | 경선식영단어 공편토 복습용 암기장 |

sinister		gay	
blast		gaily	
limply		gaiety	
limp		blur	
duplicate		brace	
jam		lodge	
volatile		dislodge	
shelter		elicit	
excise		assassination	
swamp		assassinate	
debris		assassin	
alleviate		illicit	
alleviation		abundant	
crumble		abundance	
snap		tilt	
obese		scoop	
obesity		aftermath	
subsidiary		sanitary	
dual		sanitation	
provoke		landfill	
provocative		formidable	
provocation		refrain	
dismantle		refrain from	
fake		nuisance	
phase			
subsequently			
subsequent			
shipment			

sinister [sínistər] a. 불길한, 사악한
blast [blæst] v. 폭발하다 n. 폭발, 돌풍
limply [límpli] ad. 무기력하게, 축 쳐져서
limp [limp] a. 무기력한, 축 쳐진 v. 절뚝거리다
duplicate n. [djú:plikət] v. [djú:plikèit] n. 복사, 사본 v. 복사하다
jam [dʒæm] ¹v. 쑤셔 넣다 ²v. (막혀서) 꼼짝 못하다 n. 막힘, 교통 체증
volatile [válətil] a. ¹변덕스러운, 불안정한 ²휘발성의
shelter [ʃéltər] n. 피난처, 은신처, 주거지
excise [éksaiz] ¹n. 소비세, 물품세 ²v. 삭제하다, 잘라내다
swamp [swɑ:mp] n. 늪, 습지
debris [dəbrí:] n. 잔해, 부스러기
alleviate [əlí:vièit] v. 완화시키다
alleviation [əlì:viéiʃən] n. 완화, 경감
crumble [krʌmbl] v. 허물어지다, 허물어뜨리다, 부수다
snap [snæp] v. ¹덥석 물다 ²딱 부러뜨리다 ³(찰칵, 딱) 소리를 내다, 사진을 찍다 n. (찰칵, 딱) 소리
obese [oubí:s] a. 뚱뚱한, 비만인
obesity [oubí:səti] n. 비만, 비대
subsidiary [səbsídièri] a. 자회사의, 보조의, 부수적인 n. 자회사, 보조(물)
dual [djú:əl] a. 둘의, 이중의
provoke [prəvóuk] v. ¹(특정한 반응을) 유발하다 ²화나게 하다
provocative [prəvákətiv] a. 자극하는, 도발적인
provocation [pràvəkéiʃən] n. 자극, 성나게 함
dismantle [dismǽntl] v. 해체하다, 철거하다
fake [feik] n. 위조품 a. 모조의, 가짜의
phase [feiz] n. 시기, 단계
subsequently [sʌ́bsikwəntli] ad. 그 뒤에, 나중에
subsequent [sʌ́bsikwənt] a. 그 뒤의, 나중의
shipment [ʃípmənt] n. 선적, 수송
gay [gei] ¹n. 동성연애자 ²a. 명랑한, 화려한

gaily [géili] ad. 명랑하게, 화려하게
gaiety [géiəti] n. 명랑함, 흥겨움
blur [blə:r] v. 희미해지다, 흐릿하게 하다 n. 희미한 것
brace [breis] n. 버팀대 v. 버티다
lodge [lɑdʒ] ¹n. 오두막, 숙소 v. 숙소를 제공하다 ²v. (불만·이의를) 제기하다
dislodge [dislɑ́dʒ] v. (지위·직장에서) 몰아내다, 제거하다
elicit [ilísit] v. (정보·사실·반응 등을) 끌어내다
assassination [əsæ̀sənéiʃən] n. 암살
assassinate [əsǽsənèit] v. 암살하다
assassin [əsǽsn] n. 암살범
illicit [ilísit] a. 불법의
abundant [əbʌ́ndənt] a. 풍부한
abundance [əbʌ́ndəns] n. 풍부
tilt [tilt] n. 경사, 기울어짐 v. 기울다
scoop [sku:p] n. 국자 v. (국자로) 뜨다
aftermath [ǽftərmæθ] n. (전쟁·사고 등의) 여파, 영향
sanitary [sǽnətəri] a. 위생적인, 위생의
sanitation [sæ̀nitéiʃən] n. 위생, 위생 설비
landfill [lǽndfil] n. (쓰레기) 매립지
formidable [fɔ́:rmidəbl] a. 무시무시한, 엄청난
refrain [rifréin] v. 그만두다, 삼가다
refrain from ~을 삼가다
nuisance [nú:sns] n. 성가신 사람(것), 골칫거리

10강

| 경선식영단어 공편토 복습용 암기장 |

sporadic	_____	acquittal	_____
flirt	_____	flop	_____
queue	_____	igneous	_____
deter	_____	ignite	_____
deterrent	_____	ignition	_____
brew	_____	cache	_____
hindrance	_____	gauge	_____
hinder	_____	thwart	_____
agitate	_____	thwarted	_____
agitation	_____	ambush	_____
agitator	_____	affluent	_____
wade	_____	affluence	_____
muddle	_____	stem	_____
lucrative	_____	aesthetic	_____
flare	_____	aesthetics	_____
relish	_____	candid	_____
tumble	_____	candor	_____
sanctuary	_____	parcel	_____
gale	_____	rampant	_____
atrocity	_____	ransom	_____
atrocious	_____	squash	_____
humiliate	_____	havoc	_____
bogus	_____	moratorium	_____
deport	_____		
joint	_____		
disjointed	_____		
quarry	_____		
acquit	_____		

10강 | 복습

sporadic [spərǽdik] a. 때때로 일어나는, 산발적인
flirt [flə:rt] v. 추파를 던지다 n. 바람둥이
queue [kju:] n. 줄, 대기 행렬 v. 줄 서서 기다리다
deter [ditə́:r] v. 방해하다, 저지시키다
deterrent [ditə́:rənt] a. 방해하는 n. 제지, 억제
brew [bru:] v. (차를) 끓이다, (맥주 등을) 양조하다
hindrance [híndrəns] n. 장애물, 방해
hinder [híndər] v. 방해하다
agitate [ǽdʒitèit] v. ¹ 주장하다 ² 휘젓다, 동요시키다, 선동하다
agitation [ædʒitéiʃən] n. 불안, 동요
agitator [ǽdʒitèitər] n. 선동자, (정치) 운동가
wade [weid] v. (진흙·물 속을 힘겹게) 헤치며 걷다
muddle [mʌ́dl] v. 뒤죽박죽을 만들다, 혼란스럽게 하다
lucrative [lú:krətiv] a. 수지맞는, 수익성이 좋은
flare [flɛər] n. 불길, 불꽃 v. 확 타오르다
relish [réliʃ] ¹ n. 맛, 풍미 ² v. 즐기다, 좋아하다
tumble [tʌ́mbl] v. 굴러 떨어지다, 폭락하다
sanctuary [sǽŋktʃuəri] n. 피난처, 보호구역
gale [geil] n. 강풍, 돌풍
atrocity [ətrɔ́səti] n. 잔인, 잔혹 행위
atrocious [ətróuʃəs] a. 잔혹한, 끔찍한
humiliate [hju:mílièit] v. 창피를 주다, 굴욕감을 주다
bogus [bóugəs] a. 위조의, 가짜의
deport [dipɔ́:rt] v. 강제 추방하다
joint [dʒɔint] ¹ a. 공동의 ² n. 이음매, 관절
disjointed [disdʒɔ́intid] a. 연결이 안 되는, 앞뒤가 맞지 않는
quarry [kwɔ́:ri] n. 채석장 v. 캐내다
acquit [əkwít] v. 석방하다, 무죄를 선고하다
acquittal [əkwítl] n. 석방, 무죄방면
flop [flɑp] v. ¹ 쿵 떨어지다, 털썩 주저앉다 ² 완전 실패하다
igneous [ígniəs] a. 불의, (암석이) 화성의

ignite [ignáit] v. 불붙이다, 발화하다
ignition [igníʃən] n. 점화, 발화
cache [kæʃ] n. 은닉처 v. 숨기다
gauge [geidʒ] n. 표준 치수, 측정기 v. 측정하다
thwart [θwɔ:rt] v. 방해하다, 좌절시키다
thwarted [θwɔ́:rtid] a. 좌절된
ambush [ǽmbuʃ] n. 매복 (공격) v. 매복하여 습격하다
affluent [ǽfluənt] a. 부유한, 풍족한
affluence [ǽfluəns] n. 부유, 풍족
stem [stem] v. 흐름을 막다, 저지하다
aesthetic [esθétik] a. 미적인, 심미적인
aesthetics [esθétiks] n. 미학
candid [kǽndid] a. 솔직한
candor [kǽndər] n. 솔직함
parcel [pá:rsl] ¹ n. 소포, 꾸러미 ² v. 나누다, 구분하다 n. 구획
rampant [rǽmpənt] a. 걷잡을 수 없는, 만연하는
ransom [rǽnsəm] n. (납치된 사람에 대한) 몸값 v. 몸값을 지불하다
squash [skwɔʃ] ¹ v. 짓누르다, 으깨다 ² n. 과즙, 과일주스
havoc [hǽvək] n. 대파괴, 큰 혼란
moratorium [mɔ̀:rətɔ́:riəm] n. 지불 정지, 지불 유예, 일시적 활동 중단

11강 | 경선식영단어 공편토 복습용 암기장 |

lavish	_____	fallacy	_____
scorch	_____	fallible	_____
ravel	_____	infallible	_____
unravel	_____	sneer	_____
grapple	_____	sprout	_____
dwindle	_____	shrewd	_____
bleak	_____	ghastly	_____
loathsome	_____	aghast	_____
loathe	_____	cuddle	_____
forfeit	_____	rumble	_____
forfeiture	_____	overt	_____
erratic	_____	discrepancy	_____
misappropriate	_____	whim	_____
appropriate	_____	whimsical	_____
suffocate	_____	skeptical	_____
farce	_____	soothe	_____
staple	_____	riveting	_____
meticulous	_____	staunch	_____
meticulously	_____	onerous	_____
paranoid	_____	hallmark	_____
paranoia	_____	debacle	_____
cling	_____	thrash	_____
sterile	_____		
sterilize	_____		
tarnish	_____		
compulsive	_____		
maze	_____		
fallacious	_____		

lavish [lǽviʃ] a. 아끼지 않는, 낭비하는, 호화로운
scorch [skɔ:rtʃ] v. 겉을 태우다, 눋게 하다
ravel [rǽvl] v. ¹ 엉클다, 복잡하게 만들다
² (꼬인 것을) 풀다
unravel [ʌnrǽvl] v. (엉클어진 것을) 풀다
grapple [grǽpl] v. 움켜쥐다, 붙잡고 싸우다
dwindle [dwíndl] v. 점점 줄어들다
bleak [bli:k] a. 절망적인, 암울한
loathsome [lóuðsəm] a. 몹시 싫은, 혐오스러운
loathe [louð] v. 몹시 싫어하다, 혐오하다
forfeit [fɔ́:rfit] v. 몰수당하다, 박탈당하다 n. 몰수품, 벌금
forfeiture [fɔ́:rfitʃər] n. 몰수, 박탈
erratic [irǽtik] a. 변하기 쉬운, 일정하지 않은
misappropriate [mìsəpróuprièit] v. (남의 돈을) 횡령하다
appropriate a. [əpróupriət] v. [əpróuprièit] a. 적절한, 적당한 v. 도용하다
suffocate [sʌ́fəkèit] v. 숨을 막다, 질식시키다
farce [fɑ:rs] n. 익살극, 웃음거리
staple [stéipl] a. 중요한, 주요한 n. 주요 부분
meticulous [mətíkjuləs] a. 꼼꼼한, 세심한
meticulously [mətíkjuləsli] ad. 꼼꼼하게, 세심하게
paranoid [pǽrənɔ̀id] a. 피해망상적인, 병적으로 두려워하거나 의심이 많은(편집증의)
paranoia [pæ̀rənɔ́iə] n. 피해망상, 편집증
cling [kliŋ] v. 매달리다, 달라붙다, 집착하다
sterile [stérəl] a. 불임의, 불모의, 살균한
sterilize [stérəlàiz] v. 불임케 하다, 살균하다
tarnish [tɑ́:rniʃ] v. 더럽히다, 흐리게 하다
compulsive [kəmpʌ́lsiv] a. 억제하지 못하는, 상습적인, 강박적인
maze [meiz] n. 미로
fallacious [fəléiʃəs] a. 잘못된, 틀린
fallacy [fǽləsi] n. 오류, 그릇된 생각

fallible [fǽləbl] a. 틀리기 쉬운, 오류에 빠지기 쉬운
infallible [infǽləbl] a. 잘못이 없는, 완벽한
sneer [sniər] v. 비웃다, 조롱하다
sprout [spraut] v. 싹트다, 생기다
shrewd [ʃru:d] a. 약삭빠른, 상황 판단이 빠른
ghastly [gǽstli] a. 무시무시한, 끔찍한
aghast [əgǽst] a. 소스라치게 놀란
cuddle [kʌ́dl] v. 꼭 껴안다 n. 포옹
rumble [rʌ́mbl] v. (천둥 따위가) 우르르 울리다 n. 덜거덕 소리
overt [ouvə́:rt] a. 명백한, 공공연한
discrepancy [diskrépənsi] n. 불일치, 차이
whim [hwim] n. 변덕, 일시적 기분
whimsical [hwímzikəl] a. 변덕스러운, 엉뚱한, 기발한
skeptical [sképtikəl] a. 의심 많은, 회의적인
soothe [su:ð] v. 달래다, 진정시키다
riveting [rívitiŋ] a. 매혹적인, 관심을 사로잡는
staunch [stɔ́:ntʃ] a. 견고한, 확고한
onerous [ánərəs] a. 아주 힘든, 성가신
hallmark [hɔ́:lmɑ̀:rk] n. (전형적인) 특징
debacle [dibɑ́:kl] n. 대실패
thrash [θræʃ] v. ¹ 때리다 ² 몸부림치다, 요동치다 ³ (경기에서) 격파하다

12강

libel	_____	poise	_____
siege	_____	avenue	_____
besiege	_____	tract	_____
stifle	_____	glossy	_____
stifling	_____	gloss	_____
bolster	_____	voucher	_____
static	_____	immaculate	_____
foul	_____	shambles	_____
cognition	_____	unscrupulous	_____
cognitive	_____	hub	_____
bog	_____	punitive	_____
forge	_____	murmur	_____
forgery	_____	feat	_____
deem	_____	treason	_____
tedious	_____	marsh	_____
tedium	_____	covert	_____
arrears	_____	clamp	_____
swap	_____	cramp	_____
ensue	_____		
ensuing	_____		
knot	_____		
poultry	_____		
discern	_____		
vile	_____		
blatant	_____		
blatantly	_____		
arsenal	_____		
weasel	_____		

12강 | 복습

libel [láibəl] v. 명예 훼손하다 n. 명예 훼손, 비방
siege [si:dʒ] n. 포위공격, 포위
besiege [bisí:dʒ] v. 포위하다, 둘러싸다
stifle [stáifl] v. 숨을 막다, 억누르다
stifling [stáiflin] a. 숨 막힐 듯한
bolster [bóulstər] v. 지지하다, 뒷받침하다, 강화하다
static [stǽtik] a. 정지상태의, 고정된
foul [faul] n. 파울, 반칙 a. 더러운, 아주 나쁜 v. 더럽히다
cognition [kagníʃən] n. 깨달음, 인식
cognitive [kágnitiv] a. 인식의, 인지의
bog [bɔ:g] n. 습지, 늪지
forge [fɔ:rdʒ] v. 위조하다, 만들어내다, 구축하다
forgery [fó:rdʒəri] n. 위조죄, 위조품
deem [di:m] v. ~으로 생각하다, 간주하다
tedious [tí:diəs] a. 지루한, 지겨운
tedium [tí:diəm] n. 지루함, 지겨움
arrears [əríərz] n. 체납금
swap [swɑ:p] v. (서로) 교환하다, 교대로 하다
ensue [insú:] v. (일·결과가) 뒤따르다
ensuing [insú:in] a. 다음의, 뒤따르는
knot [nɑ:t] n. 매듭 v. (매듭을) 묶다
poultry [póultri] n. (닭·오리 등의) 가금(家禽)류
discern [disə́:rn] v. 식별하다, 알아차리다
vile [vail] a. [1] 매우 불쾌한 [2] 비열한
blatant [bléitənt] a. 뻔한, 노골적인
blatantly [bléitəntli] ad. 뻔뻔스럽게도, 노골적으로
arsenal [á:rsənl] n. 무기, 무기고
weasel [wí:zəl] [1] n. 족제비 [2] v. 회피하다
poise [pɔiz] v. 균형을 유지하다 n. 균형, 침착
avenue [ǽvənù:] n. [1] (도시의) 거리 [2] (접근) 수단, 방법
tract [trækt] n. (넓은) 지역, 지대
glossy [glɔ́:si] a. 윤이 나는, 반들반들한
gloss [glɔ:s] n. 광택, 윤
voucher [váutʃər] n. 상품권, 할인권, 쿠폰

immaculate [imǽkjulət] a. 티 하나 없이 깨끗한, 오류가 전혀 없는
shambles [ʃǽmblz] n. 아수라장, 큰 혼란 상태
unscrupulous [ʌnskrú:pjuləs] a. 부도덕한, 파렴치한
hub [hʌb] n. 중심지, (바퀴 등의) 중심
punitive [pjú:nətiv] a. 징벌의, 처벌을 위한
murmur [mə́:rmər] v. 속삭이다, 중얼거리다 n. 속삭임, 중얼거림
feat [fi:t] n. [1] 재주, 묘기 [2] 업적
treason [trí:zn] n. 반역, 반역죄
marsh [mɑ:rʃ] n. 습지, 늪
covert [kʌ́vərt] a. 은밀한, 비밀의 n. 은닉처
clamp [klæmp] v. (죔쇠로) 고정시키다, 꽉 물다
cramp [kræmp] [1] v. 방해하다 [2] n. 경련, 쥐

bland	_____	relegate	_____
grievance	_____	relegation	_____
allegiance	_____	prolific	_____
stringent	_____	proliferate	_____
spine	_____	proliferation	_____
shabby	_____	woo	_____
stew	_____	dent	_____
gadget	_____	boon	_____
niche	_____	obscene	_____
audacious	_____	obscenity	_____
audacity	_____	titanic	_____
audaciously	_____	proxy	_____
loom	_____	proximity	_____
slant	_____	dismal	_____
sparse	_____	wrath	_____
sparsely	_____	residual	_____
liability	_____	residue	_____
apartheid	_____	hurl	_____
oblivious	_____	crave	_____
oblivion	_____	sham	_____
loop	_____		
lunatic	_____		
lunacy	_____		
adjacent	_____		
thesis	_____		
sloppy	_____		
spurious	_____		
disposable	_____		

13강 | 복습

bland [blænd] a. 무미건조한, 단조로운
grievance [grí:vəns] n. 불평, 불만
allegiance [əlí:dʒəns] n. 충성
stringent [stríndʒənt] a. 엄격한
spine [spain] n. 척추, 등뼈
shabby [ʃǽbi] a. 낡아빠진, 허름한
stew [stu:] v. (음식을) 끓이다 n. 끓인 요리
gadget [gǽdʒit] n. 기계장치, 도구
niche [nitʃ] n. ¹ 꼭 맞는 자리(일) ² (시장의) 틈새
audacious [ɔ:déiʃəs] a. 대담한
audacity [ɔ:dǽsəti] n. 대담
audaciously [ɔ:déiʃəsli] ad. 대담하게
loom [lu:m] v. ~처럼 보이다, 어렴풋이 나타나다 (보이다)
slant [slænt] n. 비스듬함, 경사 v. 기울다
sparse [spɑ:rs] a. 드문드문한, 희박한
sparsely [spɑ́:rsli] ad. 희박하게
liability [làiəbíləti] n. 책임, 골칫거리
apartheid [əpá:rtheit] n. (흑인에 대한) 인종 차별 정책
oblivious [əblíviəs] a. 의식하지 못하는, 망각하는
oblivion [əblíviən] n. 망각
loop [lu:p] n. (올가미나 동그라미 모양의) 고리
lunatic [lú:nətik] a. 미친 n. 미치광이
lunacy [lú:nəsi] n. 정신 이상, 광기
adjacent [ədʒéisnt] a. 인접한, 근처의
thesis [θí:sis] n. (학위) 논문, 논지
sloppy [slɔ́pi] a. ¹ 단정치 못한, 질퍽한 ² 엉성한, 대충 하는
spurious [spjúəriəs] a. ¹ 가짜의, 겉으로만 그럴싸한 ² 비논리적인
disposable [dispóuzəbl] a. 일회용의
relegate [réləgèit] v. 지위를 떨어뜨리다, 강등시키다
relegation [rèləgéiʃən] n. 좌천, 격하
prolific [prəlífik] a. 다작의, 다산의, 풍부한
proliferate [prəlífərèit] v. 확산하다, 증식하다
proliferation [prəlìfəréiʃən] n. 확산, 증식
woo [wu:] v. ¹ 구애하다 ² 지지를 호소하다
dent [dent] v. 움푹 들어가게 만들다 n. 움푹 들어간 곳, 찌그러진 곳
boon [bu:n] n. 요긴한 것, 혜택
obscene [əbsí:n] a. ¹ 외설적인, 음란한 ² 터무니없는
obscenity [əbsénəti] n. 외설, 음담, 외설 행위
titanic [taitǽnik] a. 매우 거대한, 엄청난
proxy [prɑ́ksi] n. 대리, 대리인
proximity [prɑksíməti] n. (거리·시간상으로) 가까움, 근접
dismal [dízməl] a. 우울하게 하는, 우울한, 음울한
wrath [ræθ] n. 화, 분노
residual [rizídʒuəl] a. 남겨진, 잔여의
residue [rézədjù:] n. 나머지, 찌꺼기
hurl [həːrl] v. ¹ 세게 던지다 ² (모욕·비난 등을) 퍼붓다
crave [kreiv] v. 간청하다, 갈망하다
sham [ʃæm] n. 가짜, 엉터리

14강

laudatory	_____	arouse	_____
laud	_____	rouse	_____
novice	_____	validate	_____
coarse	_____	waive	_____
stash	_____	explicate	_____
sever	_____	inexplicable	_____
partisan	_____	hunch	_____
bipartisan	_____	terrain	_____
cram	_____	nudge	_____
ubiquitous	_____	countenance	_____
archive	_____	foe	_____
downright	_____	pragmatic	_____
redeem	_____	pragmatist	_____
redeemable	_____	famine	_____
redemption	_____	clog	_____
parasite	_____	cloak	_____
spout	_____	exempt	_____
humility	_____	exemption	_____
flair	_____	palpable	_____
pound	_____		
deride	_____		
derision	_____		
mar	_____		
flout	_____		
infringe	_____		
sublime	_____		
pilgrim	_____		
vicinity	_____		

laudatory [lɔ́:dətəri] a. 칭찬하는, 감탄하는
laud [lɔ:d] v. 칭찬하다, 찬양하다
novice [návis] n. 초보자
coarse [kɔ:rs] a. (피부·천·말 등이) 거친
stash [stæʃ] v. 숨기다, 챙겨두다 n. 숨긴 곳(것)
sever [sévər] v. 절단하다, 끊다
partisan [pá:rtizən] a. 당파적인, 편파적인 n. 열렬한 지지자
bipartisan [baipá:rtizən] a. 양당의, 초당파적인
cram [kræm] v. [1] 억지로 쑤셔 넣다 [2] 벼락치기로 공부하다
ubiquitous [ju:bíkwitəs] a. 어디에나 존재하는
archive [á:rkaiv] n. 기록 보관소, (기록·데이터 등의) 보관
downright [dáunràit] ad. 완전히, 노골적으로 a. 명백한, 완전한
redeem [ridí:m] v. [1] 보완하다 [2] 되찾다 [3] (빚을) 상환하다 [4] (상품권 등을) 상품(현금)으로 교환하다
redeemable [ridí:məbl] a. (현금이나 상품으로) 교환할 수 있는
redemption [ridémpʃən] n. 구원, 상환
parasite [pǽrəsàit] n. 기생충, 기생동물
spout [spaut] n. 분출 v. 분출하다
humility [hju:míləti] n. 겸손
flair [flɛər] n. 재주, 재능
pound [paund] [1] v. 사정없이 치다 [2] n. [화폐, 중량] 파운드
deride [diráid] v. 비웃다, 조롱하다
derision [dirízən] n. 비웃음, 조롱
mar [mɑ:r] v. 훼손시키다, 망치다
flout [flaut] v. (법 등을 공공연히) 어기다, 무시하다
infringe [infríndʒ] v. (법규를) 위반하다, (권리 등을) 침해하다
sublime [səbláim] a. 최고의, 절묘한 n. 최고, 극치
pilgrim [pílgrim] n. 순례자
vicinity [visínəti] n. (~의) 근처, 인근
arouse [əráuz] v. (감정 등을) 불러일으키다, 자극하다

rouse [rauz] v. (잠을) 깨우다, (감정 등을) 불러일으키다
validate [vælidèit] v. [1] 입증하다, 확인하다 [2] 인증하다, 인정하다
waive [weiv] v. 포기하다, 철회하다
explicate [ékspləkèit] v. 상세히 설명하다, 해석하다
inexplicable [inéksplikəbl] a. 불가사의한, 설명할 수 없는
hunch [hʌntʃ] n. 예감, 직감
terrain [təréin] n. 지역, 지형
nudge [nʌdʒ] v. (팔꿈치로) 쿡 찌르다, (남의) 주의를 환기시키다
countenance [káuntənəns] [1] v. 지지하다, 동의하다 [2] n. 얼굴, 표정
foe [fou] n. 적, 원수
pragmatic [prægmǽtik] a. 실용적인
pragmatist [prǽgmətist] n. 실용주의자
famine [fǽmin] n. 굶주림, 기아
clog [klɔ:g] v. 막다, 막히다
cloak [klouk] n. 망토 v. 숨기다, 감추다
exempt [igzémpt] a. 면제되는 v. 면제하다
exemption [igzémpʃən] n. 면제
palpable [pǽlpəbl] a. 느낄 수 있는, 뚜렷한

15강

dormant	_____	warp	_____
dreary	_____	squat	_____
bustle	_____	comb	_____
hymn	_____	bestow	_____
paramount	_____	allay	_____
barrage	_____	stationary	_____
muster	_____	taper	_____
synthetic	_____	hoax	_____
synthesis	_____	fortitude	_____
synthesize	_____	fortify	_____
punctual	_____	rugged	_____
punctually	_____	sabotage	_____
thaw	_____	trample	_____
augment	_____	covenant	_____
augmentation	_____	bombard	_____
fraught	_____	divulge	_____
banish	_____	specious	_____
gruesome	_____		
salutary	_____		
gourmet	_____		
mash	_____		
savvy	_____		
auxiliary	_____		
lenient	_____		
leniency	_____		
vindicate	_____		
vindication	_____		
diabolical	_____		

15강 | 복습

dormant [dɔ́ːrmənt] a. 잠자고 있는, 활동을 중단한
dreary [dríəri] a. ¹ 음울한 ² 따분한
bustle [bʌ́sl] v. 북적이다, 서두르다 n. 북적거림
hymn [him] n. 찬송가
paramount [pǽrəmàunt] a. 최고의, 가장 중요한
barrage [bərɑ́ːʒ] n. 연속적 사격(질문), (질문 등의) 세례
muster [mʌ́stər] v. 모으다, 소집하다
synthetic [sinθétik] a. 합성한, 인조의
synthesis [sínθəsis] n. 합성
synthesize [sínθəsàiz] v. 합성하다
punctual [pʌ́ŋktʃuəl] a. 시간을 엄수하는
punctually [pʌ́ŋktʃuəli] ad. 시간을 엄수하여
thaw [θɔː] v. 녹다, 녹이다
augment [ɔːgmént] v. 증가시키다, 증대시키다
augmentation [ɔ̀ːgmentéiʃən] n. 증가, 증대
fraught [frɔːt] a. ~으로 가득한, ~투성이의
banish [bǽniʃ] v. 추방하다, 사라지게 하다
gruesome [grúːsəm] a. 섬뜩한, 소름이 끼치는
salutary [sǽljutəri] a. 유익한
gourmet [gúərmei] n. 미식가 a. 미식가용의
mash [mæʃ] v. 으깨다, 짓이기다 n. 으깬 음식
savvy [sǽvi] n. 실용적인 지식, 요령 a. 박식한, 요령 있는
auxiliary [ɔːgzíliəri] a. 보조의 n. 보조자
lenient [líːniənt] a. 관대한, 너그러운
leniency [líːniənsi] n. 관대함, 너그러움
vindicate [víndikèit] v. 정당함(무죄)를 입증하다
vindication [vìndəkéiʃən] n. 변호, (정당함·무죄 등의) 입증
diabolical [dàiəbɔ́likəl] a. 끔찍한, 사악한
warp [wɔːrp] v. 휘다, 틀어지게 만들다
squat [skwɑːt] v. ¹ 쪼그리고 앉다 ² 불법 거주하다, 무단 점유하다
comb [koum] ¹ n. 빗 v. 빗질하다 ² v. 샅샅이 찾다(뒤지다)

bestow [bistóu] v. 수여하다, 주다
allay [əléi] v. 달래다, (감정을) 가라앉히다
stationary [stéiʃənəri] a. 움직이지 않는, 고정시켜 놓은
taper [téipər] v. (폭이) 점점 가늘어지다, 점점 줄다
hoax [houks] n. 거짓말, 장난질
fortitude [fɔ́ːrtətjùːd] n. 용기, 불굴의 정신
fortify [fɔ́ːrtəfài] v. 용기를 돋우다, 요새화 하다, 강화하다
rugged [rʌ́gid] a. ¹ 울퉁불퉁한 ² 강인하게 생긴, 질긴
sabotage [sǽbətɑ̀ːʒ] n. (공장설비 등의) 파괴, 방해 v. 파괴하다, 방해하다
trample [trǽmpl] v. 짓밟다
covenant [kʌ́vənənt] n. 계약, 약속
bombard [bɑmbɑ́ːrd] v. 포격하다, 퍼붓다
divulge [daivʌ́ldʒ] v. 누설하다
specious [spíːʃəs] a. 허울만 그럴 듯한

16강

cavalier		ferocious	
hefty		ferocity	
spawn		cardiac	
disciple		cardiology	
pinnacle		perjury	
entrench		fret	
perch		prerogative	
slack		gleam	
slay		diverge	
brochure		divergent	
transient		divergence	
transitory		optimal	
hush		optimum	
dizzy		optimize	
dizziness		enigma	
concerted		enigmatic	
persevere		onus	
perseverance		cynic	
perseverant		cynical	
ripple		espouse	
laden		deviate	
haphazard		deviation	
reminisce		deviant	
reminiscent		fraternity	
purge		fraternal	
grudge		corroborate	
gratuitous		corroboration	
gratuitously		ravage	

16강 | 복습

cavalier [kǽvəlíər] a. 무신경한
hefty [héfti] a. (액수·크기 등이) 큰, 막대한
spawn [spɔːn] v. (물고기·개구리 등이) 알을 낳다, (어떤 결과를) 낳다
disciple [disáipl] n. 제자, 문하생
pinnacle [pínəkl] n. 뾰족탑, 정상, 절정
entrench [intréntʃ] v. 단단히 자리 잡게 하다
perch [pəːrtʃ] n. 횃대, 높은 자리 v. (새가 횃대 등에) 내려앉다, 걸터앉다
slack [slæk] a. 느슨한, 해이한, (사업 등이) 부진한 n. 느슨함, 부진
slay [slei] v. 살해하다, 죽이다
brochure [brouʃǽːr] n. 팜플렛, (안내·광고용) 책자
transient [trǽnʃənt] a. 일시적인, 잠시 머무르는
transitory [trǽnsətɔ̀ːri] a. 일시적인, 금방 지나가는
hush [hʌʃ] int. 쉿 v. 조용히 시키다 n. 침묵, 고요
dizzy [dízi] a. 어지러운, 현기증 나는
dizziness [dízinis] n. 현기증
concerted [kənsə́ːrtid] a. 협력하는, 합심한
persevere [pə̀ːrsivíər] v. 인내하다
perseverance [pə̀ːrsəvíərəns] n. 인내
perseverant [pə̀ːrsəvíərənt] a. 인내심이 강한
ripple [rípl] n. 잔물결, 파문, 파급
laden [léidn] a. (~을) 잔뜩 실은, (~이) 가득한
haphazard [hæphǽzərd] a. 무계획적인, 되는대로의
reminisce [rèmənís] v. 회상하다, 추억에 잠기다
reminiscent [rèmənísnt] a. 추억의, 생각나게 하는
purge [pəːrdʒ] v. 씻어내다, 제거하다
grudge [grʌdʒ] ¹ n. 원한, 유감 ² v. (무엇을 하거나 주는 것을) 억울해하다, 아까워하다
gratuitous [grətjúːitəs] a. ¹ 불필요한, 쓸데없는 ² 무료의
gratuitously [grətjúːitəsli] ad. ¹ 무료로 ² 쓸데없이
ferocious [fəróuʃəs] a. 사나운, 흉포한
ferocity [fərásəti] n. 사나움, 잔인성

cardiac [káːrdiæk] a. 심장의
cardiology [kàːrdiálədʒi] n. 심장학
perjury [pə́ːrdʒəri] n. 위증, 위증죄
fret [fret] v. 초조해하다, 초조하게 하다
prerogative [prirágətiv] n. 특권, 특혜
gleam [gliːm] n. 희미한 빛, 번득임
diverge [daivə́ːrdʒ] v. 갈라지다, 벗어나다
divergent [daivə́ːrdʒənt] a. 갈라지는, 벗어나는
divergence [daivə́ːrdʒəns] n. 갈라짐, 분기
optimal [áptiməl] a. 최상의, 최선의, 최적의
optimum [áptiməm] n. 최적의 것 a. 최적의
optimize [áptimàiz] v. 최적화하다
enigma [inígmə] n. 수수께끼
enigmatic [ènigmǽtik] a. 수수께끼같은, 정체모를
onus [óunəs] n. 책임
cynic [sínik] n. 냉소적인 사람, 비꼬는 사람
cynical [sínikəl] a. 냉소적인, 비꼬는
espouse [ispáuz] v. 신봉하다, 지지하다
deviate [díːvièit] v. 벗어나다
deviation [dìːviéiʃən] n. 일탈, 탈선
deviant [díːviənt] a. 정상에서 벗어난, 이상한
fraternity [frətə́ːrnəti] n. ¹ 형제애, 동지애 ² 협회, 사교 클럽
fraternal [frətə́ːrnl] a. 형제의, 우애의 n. 우애단체
corroborate [kərɔ́bərèit] v. 입증하다
corroboration [kərɔ̀bəréiʃən] n. 입증
ravage [rǽvidʒ] n. 파괴, 황폐 v. 황폐하게 하다

17강

| 경선식영단어 공편토 복습용 암기장 |

hypnosis		wager	
hypnotic		callous	
tantrum		mercenary	
combustible		bulge	
combustion		mammoth	
demean		stagnate	
hazy		stagnant	
bereave		stagnation	
bereaved		solicit	
bereft		solicitor	
bereavement		rampage	
counterfeit		tycoon	
nimble		plunder	
gall		flap	
adversity		deft	
adversary		deftly	
aloof		deftness	
codify		astute	
delve		astutely	
revel		averse	
paddle		aversion	
bluff		veer	
stale		itinerary	
murky		itinerant	
scrutinize		exodus	
scrutiny			
comprise			
myriad			

17강 | 복습

hypnosis [hipnóusis] n. 최면, 최면상태
hypnotic [hipnátik] a. 최면의, 최면을 거는 듯한
tantrum [tǽntrəm] n. 짜증, 신경질
combustible [kəmbʌ́stəbl] a. 가연성의, 타기 쉬운
combustion [kəmbʌ́stʃən] n. 연소
demean [dimíːn] v. (품위·인격)을 떨어뜨리다
hazy [héizi] a. 흐릿한, 안개 낀
bereave [biríːv] v. (가족·친지와) 사별하다
bereaved [biríːvd] a. 생명을 빼앗긴
bereft [biréft] a. (사람·물건을) 빼앗긴, 앗아간
bereavement [biríːvmənt] n. 사별, 가족의 사망
counterfeit [káuntərfit] a. 가짜의, 위조의 v. 위조하다
nimble [nímbl] a. 민첩한, (동작이) 빠른
gall [gɔːl] ¹n. 뻔뻔함 ²n. 분개 v. 화나게 하다
adversity [ædvə́ːrsəti] n. 역경, 고난
adversary [ǽdvərsèri] n. 적, (경기에서의) 상대편
aloof [əlúːf] ad. 멀리 떨어져, a. 초연한, 냉담한
codify [kádəfài] v. ¹(법률 등을) 성문화하다 ²(체계적으로) 정리하다
delve [delv] v. (정보·보물 등을) 찾다, 뒤지다
revel [révəl] v. 흥청거리며 놀다, 즐기다
paddle [pǽdl] n. 노 v. 노를 젓다
bluff [blʌf] n. 허세, 엄포 v. 허세를 부리다, 엄포를 놓다
stale [steil] a. 신선하지 않은, 퀴퀴한
murky [mə́ːrki] a. 어두운, 흐릿한, 모호한
scrutinize [skrúːtinàiz] v. 면밀히 조사하다, 철저히 검사하다
scrutiny [skrúːtəni] n. 정밀한 조사
comprise [kəmpráiz] v. 포함하다, ~으로 구성되다, 구성하다
myriad [míriəd] n. 무수히 많음 a. 무수한
wager [wéidʒər] ¹n. 내기 v. 돈을 걸다 ²v. 틀림없이 ~할 것이다
callous [kǽləs] a. 냉정한, 냉담한

mercenary [mə́ːrsənəri] ¹a. 돈을 목적으로 하는 ²n. 용병
bulge [bʌldʒ] v. 불룩 튀어나오다, 불룩하다(가득 차다)
mammoth [mǽməθ] a. 거대한, 엄청난 n. 매머드
stagnate [stǽgneit] v. (생활·활기·일·사람이) 침체(정체)하다, 흐르지 않다
stagnant [stǽgnənt] a. 정체된, 고여 있는, 침체된
stagnation [stægnéiʃən] n. 곪, 침체, 정체
solicit [səlísit] v. 간청하다, 요청하다
solicitor [səlísətər] n. 변호사, 상품 판촉원
rampage [rǽmpeidʒ] v. 미쳐 날뛰다 n. 광란
tycoon [taikúːn] n. (재계의) 거물, 큰 손
plunder [plʌ́ndər] v. 약탈하다, 강탈하다 n. 약탈품
flap [flæp] v. 펄럭이다, 퍼덕이다
deft [deft] a. 능숙한, 능란한
deftly [déftli] ad. 솜씨 있게
deftness [déftnis] n. 솜씨 있음
astute [əstjúːt] a. 빈틈없는, 약삭빠른
astutely [əstjúːtli] ad. 빈틈없이, 약삭빠르게
averse [əvə́ːrs] a. 싫어하는, 반대하는
aversion [əvə́ːrʒən] n. 아주 싫어함, 혐오
veer [viər] v. 방향을 바꾸다
itinerary [itínərəri] n. 여정, 여행 일정
itinerant [itínərənt] a. 떠돌아다니는, 순회하는
exodus [éksədəs] n. 이동, 탈출

18강

panacea	jeopardy
mire	jeopardize
hoard	hulk
quagmire	satiate
slander	insatiable
dagger	rift
derogate	trajectory
derogatory	glitch
derogation	denigrate
conjure	denigration
blister	gorge
ration	anatomy
rations	shackle
wriggle	immerse
wilt	immersion
vehement	solace
pore	conciliatory
pervade	conciliate
pervasive	conciliation
huddle	quaint
coy	
exasperate	
brawl	
envoy	
rebuke	
cessation	
flutter	
dangle	

panacea [pǽnəsíːə] n. 만병통치약
mire [maiər] n. 늪, 수렁
hoard [hɔːrd] v. 저장하다 n. 저장(물)
quagmire [kwǽgmàiər] n. 수렁, 진창, 궁지
slander [slǽndər] v. 비방하다 n. 비방, 중상모략, 명예 훼손
dagger [dǽgər] n. 단도, 단검
derogate [dérəgèit] v. 폄하하다, 경멸하다
derogatory [dirágətɔ̀ːri] a. 경멸적인, 폄하하는
derogation [dèrəgéiʃən] n. 폄하
conjure [kʌ́ndʒər] v. ¹ 마술을 부리다 ² ~을 떠올리다
blister [blístər] n. 물집, 수포
ration [rǽʃən] v. 배급하다 n. 배급량
rations [rǽʃənz] n. 식량, 양식
wriggle [rígl] v. 꿈틀거리다
wilt [wilt] v. 시들다, 지치다
vehement [víːəmənt] a. 격렬한, 맹렬한
pore [pɔːr] ¹ n. 구멍 ² v. 자세히 보다
pervade [pərvéid] v. 온통 퍼지다, 만연하다
pervasive [pərvéisiv] a. 온통 퍼지는, 만연하는
huddle [hʌ́dl] v. (추위·무서움 등으로) 몸을 움츠리다, 옹기종기 모이다
coy [kɔi] a. 수줍어하는
exasperate [igzǽspərèit] v. 몹시 화나게 하다, 짜증나게 하다
brawl [brɔːl] n. 싸움, 난동
envoy [énvɔi] n. 특사, 외교사절
rebuke [ribjúːk] v. 비난하다, 꾸짖다
cessation [seséiʃən] n. 중지, 중단
flutter [flʌ́tər] v. (날개를) 파닥거리다, (깃발이) 펄럭이다
dangle [dǽŋgl] v. (달랑달랑) 매달리다, 달랑거리다
jeopardy [dʒépərdi] n. 위험
jeopardize [dʒépərdàiz] v. 위태롭게 하다
hulk [hʌlk] n. 거대한 사람(물건)

satiate [séiʃièit] v. (식욕 등을) 충분히 만족시키다
insatiable [inséiʃəbl] a. 만족할 줄 모르는, 만족시킬 수 없는
rift [rift] n. 갈라진 틈, 균열
trajectory [trədʒéktəri] n. 궤적, 궤도
glitch [glitʃ] n. 작은 문제, 결함
denigrate [dénigrèit] v. 폄하하다, 헐뜯다
denigration [dènigréiʃən] n. 명예 훼손
gorge [gɔːrdʒ] ¹ v. 게걸스레 먹다 ² n. 협곡
anatomy [ənǽtəmi] n. 해부, 해부학
shackle [ʃǽkl] n. 족쇄 v. 족쇄를 채우다, 제약하다
immerse [imə́ːrs] v. ¹ 담그다 ² 몰두시키다
immersion [imə́ːrʒən] n. ¹ 액체 속에 담금 ² 몰두
solace [sáləs] n. 위로, 위안
conciliatory [kənsíliətɔ̀ːri] a. 달래는, 회유적인
conciliate [kənsílièit] v. 달래다, 회유하다
conciliation [kənsìliéiʃən] n. 달램, 회유
quaint [kweint] a. 진기한, 기묘한

19강

eavesdrop	hustle
spooky	consign
buoyancy	consignment
buoy	permeate
buoyant	whiff
bleach	gullible
bicker	grunt
shriek	proscribe
abject	ebb
standstill	gape
cipher	agape
decipher	sheen
rife	ameliorate
mull	flora
queer	insomnia
vie	eerie
vying	
sleek	
swindle	
tramp	
karma	
squabble	
scourge	
sap	
meek	
hone	
tenacious	
vacate	

eavesdrop [íːvzdrɔ̀p] v. 엿듣다, 도청하다
spooky [spúːki] a. 으스스한, 오싹한
buoyancy [bɔ́iənsi] n. ¹ 부력 ² (경기) 부양 ³ 활기, 쾌활함
buoy [bɔ́i] v. 뜨게 하다 n. 부표
buoyant [bɔ́iənt] a. ¹ 부력 있는 ² 경기가 좋은 ³ 활기찬
bleach [bliːtʃ] v. 표백하다 n. 표백제
bicker [bíkər] v. 말다툼하다, 다투다
shriek [ʃriːk] n. 날카로운 소리, 비명 v. 비명을 지르다
abject [ǽbdʒekt] a. 비참한
standstill [stǽndstil] n. 정지, 멈춤
cipher [sáifər] n. 암호
decipher [disáifər] v. (암호문 등을) 해독하다
rife [raif] a. (나쁜 것으로) 만연한, 가득한
mull [mʌl] v. 곰곰이 생각하다, 숙고하다
queer [kwiər] a. 괴상한, 기묘한
vie [vai] v. 경쟁하다, 다투다
vying [váiiŋ] a. 경쟁하는, 다투는
sleek [sliːk] a. 매끄러운, 윤이 나는, (모양이) 매끈한
swindle [swíndl] v. 사취하다, 사기치다 n. 사취, 사기
tramp [træmp] n. 부랑자, 떠돌이 v. 터벅터벅 걷다
karma [káːrmə] n. 업보, 인과응보
squabble [skwɔ́bl] n. 가벼운 말다툼 v. 옥신각신하다
scourge [skəːrdʒ] n. 재앙 v. 고통을 주다
sap [sæp] ¹ n. 수액 ² v. 약화시키다
meek [miːk] a. 온순한, 온화한
hone [houn] v. (특히 기술을) 연마하다, (도구를 날카롭게) 갈다
tenacious [tənéiʃəs] a. 완강한, 끈질긴
vacate [véikeit] v. (건물·직책 등을) 비우다, 떠나다
hustle [hʌsl] ¹ v. 재촉하다, 강요하다 ² v. 밀치다 ³ n. 분주함, 혼잡함
consign [kənsáin] v. (어떤 장소나 상황에) 놓다, 맡기다, 보내다

consignment [kənsáinmənt] n. 위탁, 탁송, 위탁화물
permeate [pə́ːrmièit] v. 스며들다, 침투하다
whiff [wif] n. 냄새, 조짐
gullible [gʌ́ləbl] a. 잘 속아 넘어가는
grunt [grʌnt] v. 투덜대다, (돼지가) 꿀꿀거리다 a. 투덜대는 n. 불평
proscribe [prouskráib] v. 금지하다
ebb [eb] v. 약해지다 n. 썰물, 쇠퇴
gape [geip] v. (놀라서) 입을 딱 벌리고 바라보다, 떡 벌어져 있다
agape ad. [əgéip] n. [ɑːgáːpei] ¹ ad. (기가 막혀) 입을 딱 벌리고 ² n. 비타산적 사랑(아가페)
sheen [ʃiːn] n. 광채, 광택
ameliorate [əmíːliərèit] v. 개선하다
flora [flɔ́ːrə] n. (특정) 식물군
insomnia [insɑ́mniə] n. 불면증
eerie [íəri] a. 섬뜩한, 기괴한

20강 | 경선식영단어 공편토 복습용 암기장 |

uncanny	_____	affront	_____
quibble	_____	craven	_____
wreak	_____	jockey	_____
nocturnal	_____	obituary	_____
scoff	_____	jolt	_____
velocity	_____	ovation	_____
miscellaneous	_____	dogmatic	_____
obstinate	_____	ardent	_____
obstinately	_____	slit	_____
budge	_____	ooze	_____
vendor	_____	burgeon	_____
wholesome	_____	allure	_____
mellow	_____	onslaught	_____
muted	_____		
mute	_____		
lull	_____		
vanquish	_____		
misgiving	_____		
caper	_____		
reconnaissance	_____		
camouflage	_____		
ordeal	_____		
amenable	_____		
strew	_____		
decimate	_____		
ramble	_____		
connote	_____		
connotation	_____		

20강 | 복습

uncanny [ʌnkǽni] a. 이상한, 괴상한
quibble [kwíbl] v. 투덜대다, 트집 잡다
wreak [riːk] v. (벌·복수를) 가하다, (피해를) 입히다
nocturnal [nɑktə́ːrnəl] a. 야행성의, 밤의
scoff [skɔːf] v. 비웃다, 조롱하다
velocity [vəlásəti] n. 속도
miscellaneous [mìsəléiniəs] a. 여러 종류의, 다양한
obstinate [ɑ́bstinət] a. 완고한, 고집불통의
obstinately [ɑ́bstinətli] ad. 완고하게, 고집불통으로
budge [bʌdʒ] v. ¹ 조금 움직이다, 꼼짝하다 ² (태도·견해 등을) 바꾸다
vendor [véndər] n. 판매인, 행상인
wholesome [hóulsəm] a. 건강에 좋은, 유익한
mellow [mélou] a. 달콤한, 부드러운
muted [mjúːtid] a. 조용한, 소리 죽인, (음량·빛 등이) 약한
mute [mjuːt] a. 조용한, 소리 죽인 n. 음 소거
lull [lʌl] v. 달래다, 잠잠하게 만들다 n. 소강상태
vanquish [vǽŋkwiʃ] v. 제압하다, 이기다
misgiving [misgívin] n. 불안, 의심
caper [kéipər] n. 무분별한 행동, 범죄 행위
reconnaissance [rikɑ́nəsəns] n. 정찰, 수색
camouflage [kǽməflɑ̀ːʒ] v. 위장하다 n. 위장
ordeal [ɔːrdíːl] n. 시련
amenable [əmíːnəbl] a. 순종하는, ~을 잘 받아들이는
strew [struː] v. (흩)뿌리다
decimate [désimèit] v. 대량으로 죽이다
ramble [rǽmbl] ¹ n. 산책 v. 거닐다 ² v. 지껄이다
connote [kənóut] v. 함축하다, 내포하다
connotation [kɑ̀nətéiʃən] n. 함축, 내포
affront [əfrʌ́nt] v. 모욕을 주다 n. 모욕
craven [kréivn] a. 비겁한, 용기 없는

jockey [dʒɔ́ki] n. 경마의 기수 v. (남을 앞서기 위해) 다투다
obituary [oubítʃuəri] n. 사망기사
jolt [dʒoult] n. 충격, 덜컥 움직임 v. 충격을 주다, 덜컹거리며 움직이다
ovation [ouvéiʃən] n. 열렬한 박수
dogmatic [dɔːgmǽtik] a. 독단적인
ardent [ɑ́ːrdənt] a. 열심인, 열렬한
slit [slit] v. 베다 n. 갈라진 틈(구멍)
ooze [uːz] v. (액체·공기 등이) 흘러나오다, 새다
burgeon [bə́ːrdʒən] v. 급성장하다
allure [əlúər] v. 유혹하다 n. 유혹, 매력
onslaught [ɑ́nslɔ̀ːt] n. 맹공격, 습격

21강

hectic	_____	mumble	_____
gush	_____	snob	_____
conundrum	_____	snobbish	_____
fetter	_____	snare	_____
unfettered	_____	whirl	_____
squeal	_____	fad	_____
flimsy	_____	valiant	_____
molest	_____	cleave	_____
molestation	_____	cleavage	_____
sullen	_____	cozy	_____
devious	_____	fathom	_____
funnel	_____	fathomless	_____
nettle	_____	spew	_____
pejorative	_____	hiccup	_____
vanguard	_____	nadir	_____
reek	_____	hyperbole	_____
odor	_____	hyperbolic	_____
fritter	_____		
jeer	_____		
culpable	_____		
amalgamate	_____		
shroud	_____		
abysmal	_____		
hubris	_____		
deluge	_____		
odious	_____		
odium	_____		
kernel	_____		

hectic [héktik] a. 정신없이 바쁜
gush [gʌʃ] n. 분출 v. 분출하다, 뿜어내다
conundrum [kənʌ́ndrəm] n. 어려운 문제, 수수께끼
fetter [fétər] v. 규제하다, 속박하다
unfettered [ʌnfétəred] a. 제한 받지 않는, 규제가 없는
squeal [skwi:l] v. (꽤액, 까악) 소리를 지르다 n. 까악 하는 소리
flimsy [flímzi] a. (천 등이) 얇은, 약한, 엉성한
molest [məlést] v. 성추행하다, 괴롭히다
molestation [mòulestéiʃən] n. 훼방, 괴롭힘
sullen [sʌ́lən] a. 시무룩한
devious [dí:viəs] a. 기만적인, 정직하지 못한
funnel [fʌ́nəl] n. 깔때기
nettle [nétl] v. 화나게 하다 n. 신경을 건드는 것
pejorative [pidʒɔ́:rətiv] a. (말 등이) 경멸적인, 비난투의
vanguard [vǽngà:rd] n. (군대 공격이나, 사회 운동의) 선봉, 선구자
reek [ri:k] v. 악취를 풍기다, (의심스러운) 냄새(기미)가 강하게 나다
odor [óudər] n. 냄새, 악취
fritter [frítər] v. 낭비하다, 허비하다
jeer [dʒiər] v. 조롱하다, 야유하다
culpable [kʌ́lpəbl] a. 비난받을 만한, 과실이 있는
amalgamate [əmǽlgəmèit] v. 합치다, 합병하다
shroud [ʃraud] ¹ n. 수의壽衣 ² n. 장막 v. 뒤덮다, 가리다
abysmal [əbízməl] a. 지독히 나쁜
hubris [hjú:bris] n. 지나친 자신감, 오만
deluge [délju:dʒ] n. 홍수, 쇄도 v. 쇄도하다
odious [óudiəs] a. 혐오스러운, 매우 싫은
odium [óudiəm] n. 혐오, 증오
kernel [kə́:rnəl] n. (곡식이나 주제의) 알맹이, 핵심
mumble [mʌ́mbl] v. 중얼거리다 n. 중얼거림
snob [snɑ:b] n. 속물, 고상한 체하는 사람
snobbish [snɑ́biʃ] a. 속물의
snare [snɛər] n. 덫, 함정
whirl [wə:rl] v. 빙빙 돌다(돌리다), (마음 등이) 어지럽다
fad [fæd] n. 유행
valiant [vǽliənt] a. 용맹스런
cleave [kli:v] v. ¹ 고수하다, 착 달라붙다 ² 쪼개다(가르다), (가르며) 나아가다
cleavage [klí:vidʒ] n. 분열, 쪼개짐
cozy [kóuzi] a. 아늑한, 안락한
fathom [fǽðəm] v. 가늠하다, 헤아리다
fathomless [fǽðəmlis] a. 헤아릴 수 없는, 알 수 없는
spew [spju:] v. 토하다, 내뿜다, 분출되다
hiccup [híkʌp] n. ¹ 딸꾹질 ² (약간의) 문제
nadir [néidiər] n. 밑바닥, 최악의 순간
hyperbole [haipə́:rbəli] n. 과장, 과장법
hyperbolic [hàipərbɑ́lik] a. 과장적인, 과장법의

prognosis		falter	
prodigy		vulture	
heinous		sag	
innocuous		stalemate	
top-notch		hue	
crux		dissipate	
touchy		deprecate	
amnesia		nibble	
errand		convolution	
censure		convoluted	
serene		adornment	
serenity		adorn	
phony		ornament	
seep		defuse	
brazen		quash	
languid			
languish			
barter			
glee			
quiver			
blot			
barren			
archaic			
wry			
apocalypse			
apocalyptic			
rascal			
seethe			

22강 | 복습

prognosis [prɑgnóusis] n. 예측, 예후(豫後)
prodigy [prɑ́dədʒi] n. 천재, 영재
heinous [héinəs] a. 악랄한, 극악무도한
innocuous [inɑ́kjuəs] a. 무해한, 악의 없는
top-notch [tɑ̀:p-nɑ́:tʃ] a. 최고의
crux [krʌks] n. 핵심, 급소
touchy [tʌ́tʃi] a. 예민한, 화를 잘 내는
amnesia [æmní:ziə] n. 기억상실(증), 건망증
errand [érənd] n. 심부름
censure [sénʃər] n. 비난, 책망 v. 비난하다, 책망하다
serene [sərí:n] a. 평온한, 침착한
serenity [sərénəti] n. 평온, 침착
phony(= phoney) [fóuni] a. 가짜의, 거짓의
seep [si:p] v. (액체나 가스 등이) 스며 나오다, 스며들다
brazen [bréizn] a. 뻔뻔한
languid [lǽŋgwid] a. 활기 없는, 나른한
languish [lǽŋgwiʃ] v. 나른해지다, 기운이 없어지다, 시들다
barter [bɑ́:rtər] v. 물물교환하다 n. 물물교환
glee [gli:] n. 기쁨, 환희
quiver [kwívər] v. 떨다 n. 떨림
blot [blɑ:t] ¹ n. 얼룩, 오점 ² v. 닦아내다
barren [bǽrən] a. 메마른, 불모의
archaic [ɑ:rkéiik] a. 고풍의, 고대의
wry [rai] a. 뒤틀린, 냉소적인, 씁쓸한
apocalypse [əpɑ́kəlips] n. 세계의 종말, 대재앙
apocalyptic [əpɑ̀kəlíptik] a. 종말론적인, 세상에 종말이 온 듯한
rascal [rǽskəl] n. 악당, 악동
seethe [si:ð] v. ¹ (사람·동물들로) 들끓다 ² (분노로) 속이 끓다, 부글거리다
falter [fɔ́:ltər] v. ¹ 흔들리다, 불안정해지다 ² 말을 더듬다
vulture [vʌ́ltʃər] n. 독수리, 남의 불행을 이용해 먹는 자
sag [sæg] v. ¹ 축 처지다 ² 약화되다, 줄어들다

stalemate [stéilmèit] n. 교착상태
hue [hju:] n. 색깔, 빛깔
dissipate [dísipèit] v. ¹ 낭비하다 ² 소멸되다
deprecate [déprikèit] v. 반대하다, 비난하다
nibble [níbl] v. 야금야금 먹다
convolution [kɑ̀nvəlú:ʃən] n. 소용돌이, 복잡하게 뒤엉킨 것
convoluted [kɑ́nvəlù:tid] a. 복잡한, 난해한
adornment [ədɔ́:rnmənt] n. 장식품, 장식
adorn [ədɔ́:rn] v. 장식하다, 꾸미다
ornament [ɔ́:rnəmənt] n. 장식, 장식품
defuse [di:fjú:z] v. ¹ (긴장·위험 등을) 진정시키다 ² (폭탄의) 뇌관을 제거하다
quash [kwɑ:ʃ] v. ¹ (반란 등을) 진압하다, 억누르다 ² (법원 결정을) 파기하다

puberty	_____	bumpy	_____
sordid	_____	extol	_____
junta	_____	emblem	_____
flounder	_____	nemesis	_____
attrition	_____	swagger	_____
contravene	_____	proprietor	_____
contravention	_____	skyrocket	_____
abate	_____	jest	_____
bate	_____	berate	_____
beleaguer	_____	concussion	_____
maim	_____	coax	_____
attest	_____	forgo	_____
attestation	_____	bluster	_____
dungeon	_____	blustery	_____
smirk	_____	treacherous	_____
bastion	_____	treachery	_____
gory	_____		
gallant	_____		
attire	_____		
edible	_____		
shrill	_____		
gloat	_____		
visceral	_____		
swerve	_____		
anemia	_____		
anaemic	_____		
physiology	_____		
vacuous	_____		

23강 | 복습

puberty [pjúːbərti] n. 사춘기
sordid [sɔ́ːrdid] a. 더러운, 추악한
junta [dʒʌ́ntə] n. (쿠데타로 정권을 장악한) 군사 정부
flounder [fláundər] v. 허우적거리다, (어쩔 줄 몰라) 허둥대다
attrition [ətríʃən] n. 소모, 감소
contravene [kàntrəvíːn] v. (법·규칙을) 위반하다
contravention [kàntrəvénʃən] n. 위반
abate [əbéit] v. 줄이다, 약화시키다, 약해지다
bate [beit] v. 줄이다, 약화시키다
beleaguer [bilíːgər] v. 궁지에 몰다, 포위하다
maim [meim] v. 불구로 만들다
attest [ətést] v. 증명하다, 입증하다
attestation [ætestéiʃən] n. 증명, 입증
dungeon [dʌ́ndʒən] n. 지하 감옥
smirk [sməːrk] v. 능글맞게 웃다, 히죽히죽 웃다 n. 능글맞은 웃음
bastion [bǽstʃən] n. [1] 수호자 [2] 보루, 요새
gory [gɔ́ːri] a. 유혈이 낭자하는, 잔학한
gallant [gǽlənt] a. 용감한
attire [ətáiər] n. 의복, 복장
edible [édəbl] a. 먹을 수 있는, 식용의
shrill [ʃril] a. (소리가) 날카로운
gloat [glout] v. 흡족해하다, 고소해하다
visceral [vísərəl] a. 본능적인
swerve [swəːrv] v. 방향을 틀다, 벗어나다
anemia(= anaemia) [əníːmiə] n. 빈혈
anaemic(= anemic) [əníːmik] a. 빈혈이 있는
physiology [fiziálədʒi] n. 생리학, 생리작용
vacuous [vǽkjuəs] a. 멍청한, 얼빠진
bumpy [bʌ́mpi] a. (길이나 바닥이) 울퉁불퉁한
extol [ikstóul] v. 극찬하다
emblem [émbləm] n. 상징
nemesis [néməsis] n. 인과응보, 천벌
swagger [swǽgər] v. 으스대며 걷다, (몹시) 자랑하다

proprietor [prəpráiətər] n. 소유주
skyrocket [skáirɑːkit] v. (물가 등이) 급등하다
jest [dʒest] n. 조롱, 농담
berate [biréit] v. 호되게 꾸짖다
concussion [kənkʌ́ʃən] n. 뇌진탕
coax [kouks] v. 달래다, 구슬리다
forgo [fɔːrgóu] v. 포기하다, 중지하다
bluster [blʌ́stər] v. [1] 고함치다, 엄포를 놓다 [2] (바람 등이) 거세게 몰아치다
blustery [blʌ́stəri] a. (바람이나 물결이) 거세게 몰아치는
treacherous [trétʃərəs] a. 배반하는, 신뢰할 수 없는, (겉보기와 달리) 위험한
treachery [trétʃəri] n. 배반

fawn	_____	arduously	_____
orgy	_____	deference	_____
agile	_____	brash	_____
agility	_____	muzzle	_____
fugitive	_____	exonerate	_____
depreciate	_____	tremor	_____
depreciation	_____	vendetta	_____
flaunt	_____	subsidize	_____
fester	_____	subsidy	_____
absolve	_____	stately	_____
banal	_____	juncture	_____
beset	_____	desolate	_____
levee	_____	quell	_____
conduit	_____	plod	_____
prowess	_____	prod	_____
eclectic	_____		
giddy	_____		
culinary	_____		
mutiny	_____		
boulevard	_____		
vilify	_____		
inertia	_____		
slumber	_____		
trite	_____		
idyllic	_____		
idyll	_____		
pare	_____		
arduous	_____		

24강 | 복습

fawn [fɔːn] v. 아양을 떨다, 아첨하다
orgy [ɔ́ːrdʒi] n. 진탕 마시고 떠들기, 광란
agile [ǽdʒl] a. 민첩한, 재빠른
agility [ədʒíləti] n. 민첩, 기민함
fugitive [fjúːdʒətiv] n. 도망자, 탈주자
depreciate [dipríːʃièit] v. 가치가 떨어지다
depreciation [dipriːʃiéiʃən] n. 가치 하락
flaunt [flɔːnt] v. 과시하다
fester [féstər] v. 곪다, 악화되다
absolve [æbzálv] v. (죄를) 용서하다, 무죄를 선고하다
banal [bənáːl] a. 지극히 평범한, 시시한
beset [bisét] v. 괴롭히다
levee [lévi] n. (강가의) 제방, 둑
conduit [kánduit] n. 도관(수도관, 전선관), 전달자
prowess [práuəs] n. ¹ 기량, 솜씨 ² 용기, 용맹
eclectic [ikléktik] a. 폭넓은, 취사선택하는
giddy [gídi] a. ¹ 어지러운, 아찔한 ² 들뜬
culinary [kʌ́lineri] a. 요리의, 주방의
mutiny [mjúːtəni] n. 반란, 폭동 v. 폭동을 일으키다
boulevard [búləvàːrd] n. 큰길, 가로수길
vilify [víləfài] v. 비방하다, 비난하다
inertia [inə́ːrʃə] n. ¹ 무기력, 타성 ² [물리] 관성
slumber [slʌ́mbər] n. 잠 v. 잠자다
trite [trait] a. 진부한
idyllic [aidílik] a. 전원의, 목가적인
idyll [áidl] n. 전원시, 전원
pare [pɛər] v. ¹ (껍질을) 벗기다 ² 축소하다
arduous [ɑ́ːrdʒuəs] a. 힘든, 고된
arduously [ɑ́ːrdʒuəsli] ad. 힘들게, 어렵게
deference [défərəns] n. 존중, 경의
brash [bræʃ] a. 경솔한, 성급한, 너무 자신하는
muzzle [mʌ́zl] v. 입마개를 씌우다, 입을 틀어막다
exonerate [igzánərèit] v. (의무를) 면제하다, 무죄임을 밝혀주다
tremor [trémər] n. 떨림, 전율

vendetta [vendétə] n. 복수, 원수 갚기
subsidize [sʌ́bsidàiz] v. 보조금을 지급하다
subsidy [sʌ́bsədi] n. (국가의) 보조금, 장려금
stately [stéitli] a. 위풍당당한, 우아한
juncture [dʒʌ́ŋktʃər] n. (중대한) 시점
desolate [désələt] a. 황량한, 적막한
quell [kwel] v. (반란ㆍ소요 등을) 진압하다, 가라앉히다
plod [plɔd] v. 터벅터벅 걷다
prod [prɔd] v. 쿡 찌르다, 자극하다, 재촉하다

25강

plagiarism		booty	
plagiarize		embroil	
abscond		suffrage	
qualm		punctuate	
wean		punctuation	
jaded		mangle	
bemoan		forlorn	
vermin		ingest	
alloy		penchant	
fickle		dandy	
collude		teem	
collusion		eschew	
frill		stutter	
detour		hegemony	
heretic		egregious	
heretical		consternation	
heresy			
brittle			
ferment			
scoundrel			
decorum			
decorous			
fatuous			
probity			
clique			
haggle			
repudiate			
paltry			

plagiarism [pléidʒiərìzm] n. 표절
plagiarize [pléidʒəràiz] v. 표절하다, 도용하다
abscond [əbskánd] v. 종적을 감추다, 도주하다
qualm [kwɑ:m] n. 양심의 가책, 거리낌
wean [wi:n] v. (젖·나쁜 버릇 등을) 끊게 하다
jaded [dʒéidid] a. 지루한, 싫증난
bemoan [bimóun] v. 한탄하다, 슬퍼하다
vermin [vé:rmin] n. 해충, 기생충
alloy [ǽlɔi] v. 합금하다 n. 합금
fickle [fíkl] a. 변하기 쉬운, 변덕스러운
collude [kəlú:d] v. 결탁하다, 공모하다
collusion [kəlú:ʒən] n. 공모, 결탁
frill [fril] n. 겉치레, 장식, 불필요한 것
detour [dí:tuər] v. 우회하다 n. 우회로
heretic [hérətik] n. 이단자, 반란자
heretical [hərétikəl] a. 이단의, 이교도의
heresy [hérəsi] n. 이단, 이교
brittle [brítl] a. 잘 부스러지는
ferment n. [fə́:rment] v. [fərmént]
[1] n. 동요, 소란 [2] v. 발효하다 n. 발효
scoundrel [skáundrəl] n. 악당, 깡패
decorum [dikɔ́:rəm] n. 예의, 품위
decorous [dékərəs] a. 품위 있는, 예의바른
fatuous [fǽtʃuəs] a. 얼빠진, 어리석은
probity [próubəti] n. 정직, 성실
clique [kli:k] n. 파벌, 패거리
haggle [hǽgl] v. 입씨름하다, 흥정하다
repudiate [ripjú:dièit] v. 거부하다, 부인하다
paltry [pɔ́:ltri] a. 쓸데없는, 하찮은, (금액 등이) 얼마 안 되는
booty [bú:ti] n. 약탈품, 전리품
embroil [imbrɔ́il] v. (분쟁이나 전쟁 등에) 휩쓸어 넣다
suffrage [sʌ́fridʒ] n. 투표권, 선거권
punctuate [pʌ́ŋktʃueit] v. 구두점을 찍다, 중단시키다
punctuation [pʌ̀ŋktʃuéiʃən] n. 구두점, 중단
mangle [mǽŋgl] v. [1] 망쳐버리다 [2] 짓이기다

forlorn [fərlɔ́:rn] a. 쓸쓸한, 허망한
ingest [indʒést] v. 삼키다, 먹다
penchant [péntʃənt] n. 선호, 애호
dandy [dǽndi] [1] a. 일류의, 아주 좋은 [2] n. 멋쟁이
teem [ti:m] v. 우글대다
eschew [istʃú:] v. 피하다, 삼가다
stutter [stʌ́tər] v. 말을 더듬다 n. 말 더듬기
hegemony [hidʒéməni] n. 헤게모니, 패권, 주도권
egregious [igrí:dʒəs] a. 지독한, (나쁜 정도가) 심한
consternation [kɑ̀nstərnéiʃən] n. 깜짝 놀람, 경악

26강

bonanza	_____	tenuous	_____
doze	_____	disburse	_____
shirk	_____	liquidate	_____
methodical	_____	rout	_____
methodically	_____	tantamount	_____
inert	_____	gulp	_____
feign	_____	belligerent	_____
salient	_____	indignant	_____
pester	_____	indignation	_____
brevity	_____	spurn	_____
leeway	_____	desist	_____
chubby	_____	sanguine	_____
soggy	_____	dearth	_____
assortment	_____	cede	_____
assorted	_____	jostle	_____
austere	_____	aberration	_____
austerely	_____	aberrant	_____
austerity	_____	dour	_____
labyrinth	_____		
glum	_____		
virulent	_____		
virulently	_____		
cursory	_____		
connivance	_____		
connive	_____		
feckless	_____		
raucous	_____		
palsy	_____		

bonanza [bənǽnzə] n. 노다지, 운수대통
doze [douz] v. 졸다 n. 졸음
shirk [ʃəːrk] v. (할 일·의무 등을) 피하다, 태만히 하다
methodical [məθádikəl] a. 체계적인, 질서 정연한
methodically [məθádikəli] ad. 체계적으로, 질서 정연하게
inert [inə́ːrt] a. 기력이 없는, 비활동적인
feign [fein] v. 가장하다, ~인 체하다
salient [séiliənt] a. 가장 중요한, 핵심적인
pester [péstər] v. 조르다, 들볶다
brevity [brévəti] n. 짧은 순간, 간결
leeway [líːwèi] n. 자유재량, 자유
chubby [tʃʌ́bi] a. 통통한, 토실토실한
soggy [sági] a. 젖은, 질척한
assortment [əsɔ́ːrtmənt] n. 구색, (같은 종류의 여러 가지) 모음
assorted [əsɔ́ːrtid] a. 구색을 갖춘, 다양한
austere [ɔːstíər] a. ¹ 소박한 ² 엄격한
austerely [ɔːstíərli] ad. ¹ 검소하게 ² 엄격하게
austerity [ɔːstérəti] n. ¹ 검소함, 긴축 ² 엄격함
labyrinth [lǽbərìnθ] n. 미로
glum [glʌm] a. 침울한
virulent [vírjələnt] a. 치명적인, 유독한, 지독한
virulently [vírjələntli] ad. 치명적으로
cursory [kə́ːrsəri] a. 대강 하는, 서두르는
connivance [kənáivəns] n. 못 본 체하기, 묵인
connive [kənáiv] v. 묵인하다, 방조하다
feckless [fékləs] a. 무기력한, 무책임한
raucous [rɔ́ːkəs] a. 시끄러운, 귀에 거슬리는
palsy [pɔ́ːlzi] n. 마비, 중풍
tenuous [ténjuəs] a. 미약한, 허약한
disburse [disbə́ːrs] v. 지불하다, 지출하다
liquidate [líkwidèit] v. 처분하다, 매각하다
rout [raut] n. 완패, 참패 v. 참패시키다
tantamount [tǽntəmàunt] a. (~와) 같은, (~와) 마찬가지의

gulp [gʌlp] v. 삼켜버리다, 벌컥벌컥 마시다
belligerent [bəlídʒərənt] a. 호전적인, 적대적인
indignant [indígnənt] a. 분개한, 분노한
indignation [ìndignéiʃən] n. 분개, 분노
spurn [spəːrn] v. (사람·제의·충고 등을) 퇴짜놓다, 거절하다
desist [disíst] v. 그만두다, 중지하다
sanguine [sǽŋgwin] a. 낙관적인, 자신감이 넘치는
dearth [dəːrθ] n. 부족, 결핍
cede [siːd] v. (권리를) 양도하다, 넘겨주다
jostle [dʒɔ́sl] v. 거칠게 밀치다(떠밀다)
aberration [ӕbəréiʃən] n. 정도를 벗어남, 탈선, 일탈
aberrant [ǽbərənt] a. 정도를 벗어난, 일탈적인
dour [duər] a. 시무룩한

27강 | 경선식영단어 공편토 복습용 암기장 |

glisten	_____	furrow	_____
porous	_____	swoon	_____
proviso	_____	altercation	_____
nautical	_____	spurt	_____
gist	_____	cower	_____
chide	_____	admonish	_____
acquiesce	_____	puerile	_____
acquiescent	_____	genial	_____
acquiescence	_____	elated	_____
tumultuous	_____	elation	_____
tumult	_____	chasm	_____
flagrant	_____	semblance	_____
goad	_____	resemblance	_____
decadent	_____	petulant	_____
petrify	_____	oblique	_____
forage	_____	insular	_____
tepid	_____		
exalt	_____		
gobble	_____		
charlatan	_____		
boisterous	_____		
copycat	_____		
germane	_____		
guzzle	_____		
bristle	_____		
placate	_____		
implacable	_____		
prodigious	_____		

27강 | 복습

glisten [glísn] v. 빛나다, 반짝이다
porous [pɔ́:rəs] a. (구멍이 많은) 다공성(투과성)의
proviso [prəváizou] n. 단서, 조건
nautical [nɔ́:tikəl] a. 선박의, 해상의, 항해의
gist [dʒist] n. 핵심, 요점
chide [tʃaid] v. 꾸짖다, 책망하다
acquiesce [ækwiés] v. 순순히 따르다, 묵인하다
acquiescent [ækwiésnt] a. 순순히 따르는, 묵인하는
acquiescence [ækwiésns] n. 순종, 묵인
tumultuous [tju:mʌ́ltʃuəs] a. 떠들썩한
tumult [tjú:mʌlt] n. 떠들썩함, 소동
flagrant [fléigrənt] a. 노골적인, 명백한
goad [goud] v. 들들 볶다, 못살게 굴다
decadent [dékədənt] a. 타락한, 퇴폐적인
petrify [pétrifài] v. 겁에 질리게 만들다
forage [fɔ́:ridʒ] v. (먹이 등을) 찾다
tepid [tépid] a. 미지근한, 열의가 없는
exalt [igzɔ́:lt] v. [1] (직위 등을) 높이다 [2] 찬양하다
gobble [gɔ́bl] v. 게걸스럽게 먹다
charlatan [ʃá:rlətən] n. 돌팔이, 사기꾼
boisterous [bɔ́istərəs] a. 떠들썩한, 활기 넘치는
copycat [kʌ́:pikæt] n. 흉내쟁이 a. 모방한
germane [dʒərméin] a. 밀접한 관계가 있는
guzzle [gʌzl] v. 마구 마셔(먹어) 대다
bristle [brísl] [1] n. 뻣뻣한 털 v. 털을 곤두세우다
[2] v. 벌컥 화내다
placate [pléikeit] v. 달래다
implacable [implǽkəbl] a. 달랠 수 없는, 완강한
prodigious [prədídʒəs] a. 엄청난, 거대한
furrow [fə́:rou] [1] n. 고랑 [2] n. 깊은 주름 v. 주름지다
swoon [swu:n] v. [1] 황홀해하다 [2] 기절하다
altercation [ɔ̀:ltərkéiʃən] n. 말다툼, 언쟁
spurt [spə:rt] [1] v. 분출하다, 뿜어내다 n. 분출
[2] v. 갑자기 속도를 더 내다
cower [káuər] v. (무서워서) 움츠리다

admonish [ədmɑ́niʃ] v. 혼내다, 훈계하다
puerile [pjúəril] a. 유치한, 철없는
genial [dʒí:niəl] a. (기후 · 성격 등이) 온화한, 친절한
elated [iléitid] a. 기쁨에 넘친, 의기양양한
elation [iléiʃən] n. 의기양양
chasm [kǽzm] n. 틈, 구멍, 균열, (사람 · 집단 사이의) 차이
semblance [sémbləns] n. [1] 겉모습 [2] 유사함
resemblance [rizémbləns] n. 유사, 닮음
petulant [pétʃulənt] a. 화를 잘 내는, 심통 사나운
oblique [əblíːk] a. [1] 비스듬한, 기울어진
[2] (표현이) 간접적인, 완곡한
insular [ínsələr] a. 편협한, 배타적인

28강

| 경선식영단어 공편토 복습용 암기장 |

jettison		encryption	
decoy		mortify	
oration		extant	
orator		dominion	
divest		nomad	
copious		nomadic	
irk		embellish	
irksome		squalid	
sultry		ponderous	
lineage		stealthy	
bequeath		stealthily	
bequest		stealth	
conscript		chisel	
conscription		smuggle	
pariah		macabre	
gusto		jitter	
somberly		quack	
somber		quackery	
nefarious		quandary	
galore		optician	
schism		optical	
queasy		optics	
militate			
pique			
sundry			
ornate			
capsize			
cryptic			

28강 | 복습

jettison [dʒétisn] v. (필요 없는 것을) 버리다
decoy [díːkɔi] n. 유인하는 것, 미끼
oration [ɔːréiʃən] n. 연설
orator [ɔ́ːrətər] n. 웅변가, 연설자
divest [daivést] v. [1] 빼앗다, 박탈하다 [2] (옷을) 벗기다
copious [kóupiəs] a. 풍부한, 많은
irk [əːrk] v. 짜증나게 하다
irksome [ə́ːrksəm] a. 넌더리나는, 지루한
sultry [sʌ́ltri] a. 무더운, 후덥지근한
lineage [líniidʒ] n. 혈통, 가계
bequeath [bikwíːð] v. (다음 세대에) 물려주다, 건네주다
bequest [bikwést] n. 유산
conscript v. [kənskrípt] n. a. [kánskript] v. 징집하다, 불러 모으다 n. 징집병 a. 징집된
conscription [kənskrípʃən] n. 징집, 징병제
pariah [pəráiə] n. 버림받은 사람, 따돌림받는 사람
gusto [gʌ́stou] n. (일에 대한) 열정(즐거움)
somberly [sómbərli] ad. 거무스름하게, 음울하게
somber(= sombre) [sómbər] a. 어둠침침한, 음울한
nefarious [niféəriəs] a. 범죄의, 사악한
galore [gəlɔ́ːr] a. 많은, 풍부한
schism [skízm] n. 분리, (종파 등의) 분열
queasy [kwíːzi] a. 토할 것 같은, 메스꺼운
militate [mílitèit] v. 영향을 미치다, 작용하다
pique [piːk] [1] n. 불쾌함 v. 불쾌하게 하다 [2] v. (호기심·흥미 등을) 자극하다
sundry [sʌ́ndri] a. 갖가지의, 잡다한
ornate [ɔːrnéit] a. 화려하게 장식한
capsize [kǽpsaiz] v. 뒤집다, 뒤집히다
cryptic [kríptik] a. 비밀스런, 수수께끼 같은
encryption [inkrípʃən] n. 암호화
mortify [mɔ́ːrtifài] v. [1] 굴욕감을 주다 [2] 억제하다
extant [ékstənt] a. 현존하는, 지금도 남아있는

dominion [dəmíniən] n. [1] 영토 [2] 지배, 통치권
nomad [nóumæd] n. 유목민, 방랑자
nomadic [noumǽdik] a. 유목의, 방랑하는
embellish [imbéliʃ] v. 장식하다, 아름답게 하다
squalid [skwálid] a. 더러운, 불결한
ponderous [pándərəs] a. [1] 무거운, 육중한 [2] 답답한, 지루한
stealthy [stélθi] a. 몰래 하는
stealthily [stélθili] ad. 은밀하게, 남몰래
stealth [stelθ] n. 몰래 함
chisel [tʃízl] n. 끌, 조각칼 v. 조각하다, 새기다
smuggle [smʌ́gl] v. 밀수하다, 몰래 갖고 들어오다(나가다)
macabre [məkáːbrə] a. 무시무시한, 섬뜩한
jitter [dʒítər] v. 안절부절 못하다 n. 초조
quack [kwæk] [1] n. 돌팔이 의사, 사기꾼 [2] v. (오리가) 꽥꽥 울다
quackery [kwǽkəri] n. 엉터리 치료
quandary [kwándəri] n. 진퇴양난, 곤경
optician [ɑptíʃən] n. 안경사, 안경점
optical [ɑ́ptikəl] a. 눈의, 시력의
optics [ɑ́ptiks] n. 광학

29강

desiccate	_____	cocoon	_____
acclimation	_____	denunciation	_____
acclimate	_____	camaraderie	_____
parsimonious	_____	espionage	_____
evanescent	_____	exhort	_____
surrogate	_____	exhortation	_____
travesty	_____	secrete	_____
nascence	_____	secretion	_____
nascent	_____	suction	_____
supple	_____	armistice	_____
sustenance	_____	ostentatious	_____
sustain	_____	surreptitious	_____
palliate	_____	dilate	_____
palliative	_____	nebulous	_____
obliterate	_____	corrode	_____
burnish	_____	corrosive	_____
vestige	_____	corrosion	_____
dexterous	_____	bode	_____
dexterity	_____	aloft	_____
despondent	_____	stoic	_____
wily	_____		
dissemble	_____		
rudimentary	_____		
apex	_____		
doltish	_____		
dolt	_____		
abnegation	_____		
throes	_____		

29강 | 복습

desiccate [désikèit] v. 건조시키다
acclimation [æ̀kləméiʃən] n. 적응, 순응
acclimate(= acclimatize) [ǽkləmèit] v. 순응시키다
parsimonious [pɑ̀ːrsimóuniəs] a. (돈에) 인색한
evanescent [èvənésnt] a. 점점 사라져가는, 덧없는
surrogate [sə́ːrəgèit] n. 대리인 a. 대리의
travesty [trǽvəsti] n. 졸렬한 모방, 모조품
nascence [nǽsns] n. 태동, 새로 발생함
nascent [nǽsnt] a. 발생기의, 태동하는
supple [sʌ́pl] a. (몸이) 유연한, 탄력 있는
sustenance [sʌ́stənəns] n. ¹ 생계(유지), 유지 ² 음식, 자양물
sustain [səstéin] v. 떠받치다, 유지하다
palliate [pǽlièit] v. (병·통증 등을) 완화하다
palliative [pǽlièitiv] a. (병·통증 등을) 완화하는 n. 임시 완화책
obliterate [əblítərèit] v. (흔적을) 없애다, 지우다
burnish [bə́ːrniʃ] v. 광을 내다, (이미지를) 쇄신하다
vestige [véstidʒ] n. ¹ 자취, 흔적 ² 털끝만큼
dexterous [dékstərəs] a. 솜씨 좋은, 능란한
dexterity [dekstérəti] n. 솜씨 좋음
despondent [dispándənt] a. 낙담한
wily [wáili] a. 약삭빠른, 교활한
dissemble [disémbl] v. (감정·의도를) 숨기다
rudimentary [rùːdiméntəri] a. 초보의, 기초적인
apex [éipeks] n. 절정, 꼭대기
doltish [dóultiʃ] a. 우둔한, 바보 같은
dolt [doult] n. 바보, 멍청이
abnegation [æ̀bnigéiʃən] n. 거부, 자제
throes [θrouz] n. 고통, 진통
cocoon [kəkúːn] n. (곤충·누에 등의) 고치
denunciation [dinʌ̀nsiéiʃən] n. (공개적인) 맹비난
camaraderie [kɑ̀ːmərɑ́ːdəri] n. 동지애, 우정
espionage [éspiənɑ̀ːʒ] n. 간첩 행위
exhort [igzɔ́ːrt] v. 열심히 권하다

exhortation [ègzɔːrtéiʃən] n. 열심히 권하기, 권고
secrete [sikríːt] v. 분비하다
secretion [sikríːʃən] n. 분비, 분비물
suction [sʌ́kʃən] n. 빨아들이기, 흡입
armistice [ɑ́ːrmistis] n. 휴전 (협정)
ostentatious [àstentéiʃəs] a. 과시하는, 허세 부리는
surreptitious [sə̀ːrəptíʃəs] a. 은밀한, 몰래 하는
dilate [dailéit] v. 팽창하다, 확장하다
nebulous [nébjuləs] a. 모호한
corrode [kəróud] v. 부식시키다, 좀먹다
corrosive [kəróusiv] a. 부식성의, 좀먹는
corrosion [kəróuʒən] n. 부식
bode [bóud] v. ~의 징조가 되다, 조짐이다
aloft [əlɔ́ːft] ad. 하늘 높이
stoic [stóuik] n. 금욕주의자 a. 금욕주의적인

taciturn	_____	gaunt	_____
tacit	_____	noxious	_____
faze	_____	occult	_____
affable	_____	loiter	_____
efface	_____	utensil	_____
rummage	_____	ingenuous	_____
surly	_____	vertigo	_____
penitentiary	_____	obsequious	_____
penitent	_____	stymie	_____
paragon	_____	manifold	_____
duplicity	_____	supplant	_____
cajole	_____	congruous	_____
succulent	_____	incongruous	_____
assuage	_____	congruent	_____
lusty	_____	contraband	_____
mettle	_____	jaywalk	_____
mettlesome	_____	pungent	_____
laconic	_____		
pillage	_____		
mirth	_____		
mirthful	_____		
acme	_____		
motley	_____		
shard	_____		
muggy	_____		
placid	_____		
attenuate	_____		
attenuation	_____		

taciturn [tǽsitə̀:rn] a. 말이 없는, 묵묵한
tacit [tǽsit] a. 무언의, 암묵적인
faze [feiz] v. 당황시키다, 겁먹게 하다
affable [ǽfəbl] a. 상냥한
efface [iféis] v. 지우다, 없애다
rummage [rʌ́midʒ] v. (샅샅이) 뒤지다
surly [sə́:rli] a. 뿌루퉁한, 성질 못된, 무례한
penitentiary [pènitén∫əri] n. 교도소
penitent [pénitənt] a. (죄를) 뉘우치는
paragon [pǽrəgàn] n. 모범, 귀감
duplicity [dju:plísəti] n. 이중성, 표리부동
cajole [kədʒóul] v. 꼬드기다, 부추기다
succulent [sʌ́kjulənt] a. 즙이 많은
assuage [əswéidʒ] v. 누그러뜨리다, 진정시키다
lusty [lʌ́sti] a. 건장한, 튼튼한, 활기찬
mettle [métl] n. 용기, 패기
mettlesome [métlsəm] a. 패기 있는
laconic [ləkánik] a. 말수가 적은
pillage [pílidʒ] v. 약탈하다, 강탈하다
mirth [mə:rθ] n. (유쾌한) 웃음소리, 즐거움
mirthful [mə́:rθfəl] a. 유쾌한, 즐거운
acme [ǽkmi] n. 전성기, 절정
motley [mátli] a. 잡다한
shard [∫a:rd] n. 파편, 조각
muggy [mʌ́gi] a. 후텁지근한, 무더운
placid [plǽsid] a. 조용한, 평온한
attenuate [əténjuèit] v. 감소시키다, 약화시키다
attenuation [ətènjuéi∫ən] n. 감소, 약화
gaunt [gɔ:nt] a. 수척한, 여윈
noxious [nák∫əs] a. 해로운, 유독한
occult [əkʌ́lt] a. 마술적인, 초자연적인, 신비한
loiter [lɔ́itər] v. 빈둥거리다, 꾸물거리다
utensil [ju:ténsl] n. 주방용품, 가정용품, 도구
ingenuous [indʒénjuəs] a. 천진난만한, 순진한
vertigo [və́:rtigòu] n. 현기증
obsequious [əbsí:kwiəs] a. 아부하는

stymie [stáimi] v. (계획 등을) 방해하다, 좌절시키다
manifold [mǽnifòuld] a. 가지각색의, 다양한
supplant [səplǽnt] v. 대신하다, 대체하다
congruous [káŋgruəs] a. 어울리는, 일치하는
incongruous [inkáŋgruəs] a. 일치하지 않는, 모순된
congruent [káŋgruənt] a. 일치하는, 동일한
contraband [kántrəbænd] n. 밀수품
jaywalk [dʒéiwɔ̀:k] v. (도로를) 무단 횡단하다
pungent [pʌ́ndʒənt] a. (맛·냄새 등이) 톡 쏘는 듯한, 신랄한

31강

terse	oscillate
pugnacious	oscillation
snicker	drowsy
cataclysm	venerate
cataclysmic	venerable
sardonic	luster
embezzle	lustrous
deleterious	lackluster
doleful	tetchy
tardy	gainsay
inimical	avarice
abrogate	avaricious
abrogation	peddler
vicissitude	surfeit
quaff	besmirch
furtive	stupendous
truculent	contrite
congeal	harbinger
creaky	pensive
creak	titular
discomfit	tantalize
idiosyncrasy	
idiosyncratic	
apostate	
apostasy	
ephemeral	
gibber	
gibberish	

terse [tə:rs] a. (문제·표현 등이) 간결한
pugnacious [pʌgnéiʃəs] a. 호전적인, 싸우기 좋아하는
snicker [sníkər] v. 킬킬거리다 n. 킬킬거리는 웃음
cataclysm [kǽtəklìzm] n. 격변, 대재앙
cataclysmic [kæ̀təklízmik] a. 격변하는, 대변동의
sardonic [sɑ:rdánik] a. 비웃는, 냉소적인
embezzle [imbézl] v. 횡령하다
deleterious [dèlətíəriəs] a. 해로운
doleful [dóulfəl] a. 슬픈, 애절한
tardy [tá:rdi] a. 느린, 늦은, 지각한
inimical [inímikəl] a. 해로운, 적대적인
abrogate [ǽbrəgèit] v. 폐지하다, 파기하다
abrogation [æ̀brəgéiʃən] n. 폐지, 철회, 취소
vicissitude [visísətjù:d] n. 변화, 변천, 우여곡절
quaff [kwɑf] v. 벌컥벌컥 마시다
furtive [fə́:rtiv] a. 몰래 하는, 은밀한
truculent [trʌ́kjələnt] a. 공격적인, 포악한
congeal [kəndʒí:l] v. 얼리다, 응고시키다, 응고하다
creaky [krí:ki] a. 낡은, 삐걱거리는
creak [kri:k] v. 삐걱거리다 n. 삐걱거리는 소리
discomfit [diskʌ́mfit] v. 당황케 하다
idiosyncrasy [ìdiəsíŋkrəsi] n. 특이한 성격, 개성
idiosyncratic [ìdiousiŋkrǽtik] a. 특이한, 특유의
apostate [əpásteit] n. 변절자, 배신자
apostasy [əpástəsi] n. 변절, 배신
ephemeral [ifémərəl] a. 수명이 짧은, 덧없는
gibber [dʒíbər] v. 횡성수설하다
gibberish [dʒíbəriʃ] n. 영문 모를 말, 횡설수설
oscillate [ásəlèit] v. 진동하다, (두 지점 사이에서) 계속 오가다
oscillation [àsəléiʃən] n. 진동, 오락가락함
drowsy [dráuzi] a. 졸리는, 꾸벅꾸벅 조는
venerate [vénərèit] v. 존경하다, 숭배하다
venerable [vénərəbl] a. 존경할 만한
luster [lʌ́stər] n. 광채, 광택

lustrous [lʌ́strəs] a. 윤이 나는
lackluster [lǽklʌ̀stər] a. 광택이 없는, 밋밋한
tetchy [tétʃi] a. 화를 잘 내는, 성깔 있는
gainsay [géinsèi] v. 부정하다, 반박하다
avarice [ǽvəris] n. 탐욕
avaricious [æ̀vəríʃəs] a. 탐욕적인
peddler(= pedlar) [pédlər] n. 행상인
surfeit [sə́:rfit] n. 과다, 과식
besmirch [bismə́:rtʃ] v. (평판·명성 등을) 더럽히다
stupendous [stju:péndəs] a. 엄청난, 거대한
contrite [kəntráit] a. 죄를 뉘우치는
harbinger [há:rbindʒər] n. 조짐, 징조
pensive [pénsiv] a. 생각에 잠긴, 수심어린
titular [títjulər] a. 이름뿐인, 명목상의
tantalize [tǽntəlàiz] v. 감질나게 하다, 애타게 하다

32강

capitulate	totter
wallow	moribund
hackneyed	gaudy
jut	foment
lewd	balm
guile	ransack
beguile	atone
precipitate	expound
precipitation	psalm
precipitous	immediate
precipice	larceny
hermit	convulsion
hermitage	procrastinate
cadre	jubilation
nepotism	jubilant
subjugate	nonchalant
irate	
philanthropy	
volition	
scamp	
demur	
consecrate	
detonation	
detonate	
knack	
vicarious	
vicariously	
ablaze	

32강 | 복습

capitulate [kəpítʃulèit] v. 항복하다, 굴복하다
wallow [wálou] v. (진창·물·쾌락 등에) 빠지다, 뒹굴다
hackneyed [hǽknid] a. 흔해 빠진, 진부한
jut [dʒʌt] v. 돌출하다
lewd [luːd] a. 외설적인, 선정적인
guile [gail] n. 교활함, 속임수
beguile [bigáil] v. 속이다, 구슬리다
precipitate [prisípitèit] [1] a. 느닷없는 [2] v. 촉발시키다
precipitation [prisìpitéiʃən] n. 강수, 강수량
precipitous [prisípitəs] a. 가파른, 급격한
precipice [présəpis] n. 절벽, 벼랑
hermit [hə́ːrmit] n. 은둔자, 세상을 등진 사람
hermitage [hə́ːrmitidʒ] n. 은둔처, 은신처
cadre [káːdri] n. 간부단, 핵심 그룹
nepotism [népətìzm] n. 연고자 등용
subjugate [sʌ́bdʒugèit] v. 정복하다, 복종시키다
irate [airéit] a. 격분한
philanthropy [filǽnθrəpi] n. 자선 활동, 박애
volition [voulíʃən] n. 의지, 자유의지
scamp [skæmp] n. 개구쟁이
demur [dimə́ːr] v. 이의를 제기하다, 반대하다
consecrate [kánsikrèit] v. 신성하게 하다, 바치다
detonation [dètənéiʃən] n. 폭발, 폭음
detonate [détənèit] v. 폭발시키다, 폭음을 내다
knack [næk] n. 재주, 요령
vicarious [vaikɛ́əriəs] a. 대리의, 간접적인
vicariously [vaikɛ́əriəsli] ad. 대리로
ablaze [əbléiz] a. 활활 타오르는
totter [tátər] v. 비틀거리다, 휘청거리다
moribund [mɔ́ːribʌnd] a. 다 죽어가는, 소멸 직전의
gaudy [gɔ́ːdi] a. 화려한, 야한
foment [foumént] v. (불화·반란 등을) 조장하다
balm [bɑːm] n. 연고, 크림, 진정제

ransack [rǽnsæk] v. (샅샅이) 뒤지다(찾다), 약탈하다
atone [ətóun] v. 속죄하다
expound [ikspáund] v. 자세히 설명하다
psalm [sɑːm] n. 찬송가
immediate [imíːdiət] a. [1] 즉시의, 당장의 [2] 아주 가까운, 인접한
larceny [láːrsəni] n. 절도, 도둑질
convulsion [kənvʌ́lʃən] n. 경련, 발작
procrastinate [proukrǽstinèit] v. 꾸물거리다, 미루다
jubilation [dʒùːbiléiʃən] n. 매우 기쁨, 환호
jubilant [dʒúːbilənt] a. 매우 기뻐하는, 환호하는
nonchalant [nànʃəláːnt] a. 무관심한, 냉담한

33강

cloying		daub	
cloy		spinoff	
ogre		ascetic	
valor		legible	
virtuoso		illegible	
plucky		dilatory	
addle		perturb	
opulence		imperturbable	
opulent		lugubrious	
subterfuge		panegyric	
auspicious		wheedle	
inauspicious		whet	
commandeer		annals	
obviate		sojourn	
buttress		garrulous	
fluster		amorphous	
jovial		metamorphosis	
constrict		metamorphose	
bloat			
sloth			
cadaver			
balmy			
tactile			
archetype			
despotic			
despot			
pediatrics			
pediatrician			

cloying [klɔ́iiŋ] a. 질릴 정도인, 싫증나게 하는
cloy [klɔi] v. 질리다, 물리다
ogre [óugər] n. 도깨비, 괴물, 거인
valor [vǽlər] n. 용맹
virtuoso [vè:rtʃuóusou] n. (예술의) 거장
plucky [plʌ́ki] a. 대담한, 용감한
addle [ǽdl] v. (머리를) 혼란시키다
opulence [ápjuləns] n. 부유, 풍부
opulent [ápjulənt] a. 부유한, 풍부한
subterfuge [sʌ́btərfjù:dʒ] n. 핑계, 속임수
auspicious [ɔ:spíʃəs] a. 길조의, 행운의
inauspicious [ìnɔ:spíʃəs] a. 불길한, 불운한
commandeer [kàməndíər] v. 징발하다
obviate [ábvièit] v. (위험·필요성 등을) 제거하다
buttress [bʌ́tris] v. 버티게 하다, 지지하다
fluster [flʌ́stər] v. 혼란시키다, 당황시키다
jovial [dʒóuviəl] a. 쾌활한
constrict [kənstríkt] v. ¹ 수축시키다
² 제약을 가하다
bloat [blout] v. 부풀다, 부풀게 하다
sloth [slouθ] n. 나태, 게으름, 나무늘보
cadaver [kədǽvər] n. 시체
balmy [bá:mi] a. (공기·날씨 등이) 온화한, 상쾌한
tactile [tǽtl] a. 촉각의, 촉감적인
archetype [á:rkitàip] n. 원형, 전형
despotic [dispátik] a. 독재적인, 횡포한
despot [déspət] n. 전제 군주, 독재자
pediatrics [pì:diǽtriks] n. 소아과
pediatrician(= paediatrician) [pì:diətríʃən] n. 소아과 의사
daub [dɔ:b] v. (도료·화장품 등을) 흠뻑 칠하다
spinoff [spínɔ̀:f] n. 파생물, 파생효과
ascetic [əsétik] a. 금욕적인
legible [lédʒəbl] a. 읽기 쉬운, 명료한
illegible [ilédʒəbl] a. 읽기 어려운, 명료하지 않은
dilatory [dílətəri] a. 지체하는, 시간을 끄는

perturb [pərtə́:rb] v. 마음을 어지럽히다
imperturbable [ìmpərtə́:rbəbl] a. 침착한, 차분한
lugubrious [lugjú:briəs] a. 울적한, 침울한
panegyric [pǽnidʒírik] n. 찬사, 칭찬
wheedle [wí:dl] v. 구슬리다, 꾀다
whet [wet] v. (욕구·흥미 등을) 돋우다, 자극하다
annals [ǽnəlz] n. 연대기, 연보
sojourn [sóudʒə:rn] n. 일시적 거주, 체류
garrulous [gǽrələs] a. 수다스러운
amorphous [əmɔ́:rfəs] a. 일정한 형태가 없는
metamorphosis [mètəmɔ́:rfəsis] n. 변형, 탈바꿈
metamorphose [mètəmɔ́:rfouz] v. (형태·성격 등을) 변형시키다

34강

tatter	litigate
mawkish	litigant
lethargic	litigation
lethargy	demure
pliable	ostracize
pliably	prodigal
pliant	arbitrate
viper	arbitration
bombastic	arbitrator
beseech	meager
adroit	meagerly
adroitly	ungainly
adroitness	germinate
docile	antagonize
reverie	antagonist
janitor	antagonism
undulate	antagonistic
travail	primordial
vacillate	ignominious
vacillation	ignominy
impetuous	stingy
conflagration	chicanery
uncouth	glutton
zenith	nonplus
salacious	myopic
fervor	quench
fervent	unquenchable
abridge	

tatter [tǽtər] n. 찢어진 조각, 누더기 옷
mawkish [mɔ́:kiʃ] a. 지나치게 감상적인
lethargic [ləθá:rdʒik] a. 몽롱한, 혼수상태의, 무기력한
lethargy [léθərdʒi] n. 무기력, 혼수상태
pliable [pláiəbl] a. 유연한, 잘 휘어지는, 유순한
pliably [pláiəbli] ad. 유연하게, 유순하게
pliant [pláiənt] a. 유순한, 순종적인
viper [váipər] n. 독사
bombastic [bɑmbǽstik] a. 허풍 떠는, 과장된
beseech [bisí:tʃ] v. 간청하다, 애원하다
adroit [ədrɔ́it] a. 노련한
adroitly [ədrɔ́itli] ad. 노련하게
adroitness [ədrɔ́itnis] n. 노련함
docile [dásl] a. 유순한, 고분고분한
reverie [révəri] n. 환상, 몽상
janitor [dʒǽnitər] n. 문지기, 수위
undulate [ʌ́ndʒuleit] v. (수면·깃발 등이) 물결치다
travail [trəvéil] n. 고생, 고역
vacillate [vǽsəleit] v. 망설이다
vacillation [vǽsəléiʃən] n. 동요, 망설임, 우유부단
impetuous [impétʃuəs] a. 충동적인, 성급한
conflagration [kɑ̀nfləgréiʃən] n. 대화재, 큰불
uncouth [ʌnkú:θ] a. 무례한, 상스러운
zenith [zéniθ] n. 절정, 최고점
salacious [səléiʃəs] a. 음란한, 외설적인
fervor [fə́:rvər] n. 열정
fervent [fə́:rvənt] a. 열정적인, 열렬한
abridge [əbrídʒ] v. 단축하다, 줄이다, 요약하다
litigate [lítigeit] v. 고소하다, 소송하다
litigant [lítigənt] n. 소송 당사자, 소송 관계자
litigation [lìtigéiʃən] n. 기소, 소송
demure [dimjúər] a. 조용한, 얌전한
ostracize [ɔ́strəsàiz] v. 추방하다, 배척하다
prodigal [prɑ́digəl] a. 방탕한, 낭비하는
arbitrate [á:rbitrèit] v. 중재하다

arbitration [à:rbitréiʃən] n. 중재
arbitrator [á:rbitrèitər] n. 중재자
meager [mí:gər] a. 궁핍한, 빈약한, 부족한
meagerly [mí:gərli] ad. 궁핍하게, 빈약하게, 부족하게
ungainly [ʌngéinli] a. 보기 흉한, 볼품없는
germinate [dʒə́:rminèit] v. 싹트다, 시작되다
antagonize [æntǽgənàiz] v. 적대하다, 적대감을 불러일으키다
antagonist [æntǽgənist] n. 적대자
antagonism [æntǽgənìzm] n. 적대감
antagonistic [æntǽgənístik] a. 적대적인
primordial [praimɔ́:rdiəl] a. 원시의, 태고의
ignominious [ìgnəmíniəs] a. 창피한, 수치스러운
ignominy [ígnəmìni] n. 창피, 수치
stingy [stíndʒi] a. 인색한, 구두쇠의
chicanery [ʃikéinəri] n. 교묘한 속임수
glutton [glʌ́tn] n. 대식가
nonplus [nɑnplʌ́s] v. 당혹스럽게 하다 n. 당혹, 난처
myopic [maiápik] a. 근시의, 근시안적인
quench [kwentʃ] v. (갈증을) 풀다, (타는 불을) 끄다
unquenchable [ʌ̀nkwéntʃəbl] a. (불 등을) 끌 수 없는, 억누를 수 없는

35강

corpulent	_____	efficacy	_____
inundation	_____	supercilious	_____
inundate	_____	commodious	_____
alchemy	_____	obdurate	_____
timorous	_____	obduracy	_____
ardor	_____	obdurately	_____
tyro	_____	maudlin	_____
bridle	_____	parch	_____
unbridled	_____	abstruse	_____
coagulate	_____	propitiate	_____
putrid	_____	leery	_____
countermand	_____	officious	_____
hodgepodge	_____	internecine	_____
bungler	_____	enervate	_____
bungle	_____	bellicose	_____
laggard	_____	pithy	_____
purloin	_____	flinch	_____
excoriate	_____	lopsided	_____
insolent	_____	inkling	_____
insolence	_____	irascible	_____
desultory	_____		
hedonist	_____		
hedonistic	_____		
lassitude	_____		
abominate	_____		
abominable	_____		
abomination	_____		
efficacious	_____		

corpulent [kɔ́:rpjələnt] a. 뚱뚱한, 살찐
inundation [ìnəndéiʃən] n. 홍수, 쇄도
inundate [ínəndèit] v. 쇄도하다, 범람시키다
alchemy [ǽlkəmi] n. [1] 신비한 힘, 마력 [2] 연금술
timorous [tímərəs] a. 겁많은, 소심한
ardor [á:rdər] n. 열심, 열정
tyro [táirou] n. 초보자
bridle [bráidl] n. 굴레, 속박
unbridled [ʌnbráidld] a. 굴레를 벗은, 억제되지 않은
coagulate [kouǽgjulèit] v. 응고시키다, 굳어지다
putrid [pjú:trid] a. 부패한, 악취가 나는
countermand [kàuntərmá:nd] v. 취소하다, 철회하다
hodgepodge [hɑ́dʒpɑ̀dʒ] n. 뒤범벅 v. 뒤범벅을 만들다
bungler [bʌ́ŋglər] n. 실수하는 사람, 망치는 사람
bungle [bʌ́ŋgl] v. (실수 등으로) 망치다 n. 엉망, 실수
laggard [lǽgərd] n. 느림보
purloin [pərlɔ́in] v. 훔치다
excoriate [èkskɔ́:rièit] v. 맹비난하다
insolent [ínsələnt] a. 건방진, 버릇없는
insolence [ínsələns] n. 오만, 무례
desultory [désəltɔ̀:ri] a. 두서없는, 종잡을 수 없는
hedonist [hí:dənist] n. 쾌락주의자
hedonistic [hì:dənístik] a. 쾌락주의적인
lassitude [lǽsitjùːd] n. 피곤, 무기력
abominate [əbɑ́minèit] v. 혐오하다, 증오하다
abominable [əbɑ́minəbl] a. 혐오할 만한, 매우 불쾌한
abomination [əbàminéiʃən] n. 매우 싫어함, 혐오
efficacious [èfikéiʃəs] a. 효과적인
efficacy [éfikəsi] n. 효능, 효험
supercilious [sùːpərsíliəs] a. 거만한
commodious [kəmóudiəs] a. 널찍한
obdurate [ɑ́:bdərət] a. 완고한, 고집 센
obduracy [ɑ́bdjurəsi] n. 고집, 완고

obdurately [ɑ́:bdərətli] ad. 완고하게
maudlin [mɔ́:dlin] a. 잘 우는, 감상적인
parch [pɑːrtʃ] v. (콩 등을) 볶다, 바싹 마르게 하다
abstruse [əbstrúːs] a. 난해한
propitiate [prəpíʃièit] v. 달래다
leery [líəri] a. (~을) 미심쩍어하는, 조심스러워하는
officious [əfíʃəs] a. 참견하기 좋아하는, 주제넘게 나서는
internecine [ìntərnéːsain] a. 서로 죽이는, 내분의
enervate [énərvèit] v. 무기력하게 하다, 약하게 하다
bellicose [bélikòus] a. 호전적인
pithy [píθi] a. 간결한, 함축적인
flinch [flintʃ] v. 움찔하다, 겁을 내다
lopsided [lɑ̀:psáidid] a. 한쪽으로 기울어진(치우친)
inkling [íŋkliŋ] n. 암시, 눈치 챔
irascible [irǽsəbl] a. 쉽게 화를 내는

36강

demanding	_____	green	_____
season	_____	energetic	_____
seasoned	_____	coat	_____
seasoning	_____	humane	_____
monetary	_____	entry	_____
configure	_____	entry-level	_____
configuration	_____	safeguard	_____
align	_____	oust	_____
alignment	_____	allowance	_____
exacting	_____	template	_____
ballot	_____	fiery	_____
windfall	_____	canny	_____
quota	_____		
hurdle	_____		
decisive	_____		
indecisive	_____		
attribute	_____		
methodology	_____		
cosmetic	_____		
tailored	_____		
mutable	_____		
immutable	_____		
mutant	_____		
mutation	_____		
shoulder	_____		
base	_____		
budding	_____		
probation	_____		

36강 | 복습

demanding [dimǽndiŋ] a. 요구가 많은, (일이) 힘든
season [síːzn] [1] v. 맛을 내다, 양념하다 [2] n. 계절
seasoned [síːznd] a. [1] 조미한, 맛을 낸 [2] 경험 많은, 노련한
seasoning [síːzəniŋ] n. 양념
monetary [mánitèri] a. 화폐의, 금전상의
configure [kənfígjər] v. 구성하다
configuration [kənfìgjuréiʃən] n. (컴퓨터) 환경 설정, 배열, 구성
align [əláin] v. [1] 일렬정돈 하다, 조절하다 [2] 지지하다
alignment [əláinmənt] n. [1] 일렬정돈 [2] (정치적) 지지
exacting [igzǽktiŋ] a. 힘든, 까다로운
ballot [bǽlət] n. 무기명 투표
windfall [wíndfɔ̀ːl] n. 바람에 떨어진 과실, 뜻밖의 횡재
quota [kwóutə] n. 할당량, (허용되는) 한도
hurdle [hə́ːrdl] n. 허들, 장애, 난관 v. 뛰어넘다
decisive [disáisiv] a. 결정적인, 결단력 있는
indecisive [ìndisáisiv] a. 우유부단한, 결판이 나지 않는
attribute v. [ətríbjuːt] n. [ǽtrəbjùːt] [1] v. ~ 탓으로 돌리다 [2] n. 속성, 특성
methodology [mèθədálədʒi] n. 방법론
cosmetic [kazmétik] [1] n. 화장품 [2] a. 겉치레에 불과한 [3] a. 성형의
tailored [téilərd] a. (옷이) 잘 맞도록 만든, 맞춤의
mutable [mjúːtəbl] a. 변하기 쉬운, 변덕스러운
immutable [imjúːtəbl] a. 불변의, 변경할 수 없는
mutant [mjúːtnt] a. 돌연변이 n. 돌연변이의
mutation [mjuːtéiʃən] n. 돌연변이(과정), 변형
shoulder [ʃóuldər] v. (책임·짐 등을) 짊어지다
base [beis] [1] n. 기초, 토대 [2] a. 비열한
budding [bʌ́diŋ] a. 신진의, 싹트기 시작하는
probation [proubéiʃən] n. 집행유예, 보호관찰, 수습(기간)
green [griːn] a. 미숙한, 익지 않은

energetic [ènərdʒétik] a. 에너지가 넘치는, 기운찬
coat [kout] [1] v. (도료 등을) 흠뻑 칠하다 [2] n. 외투, 코트
humane [hjuːméin] a. 인도적인, 자비로운
entry [éntri] n. [1] 들어감, 입장 [2] 참가, 참가자
entry-level [éntri-lèvəl] a. 초급수준의, 말단의, 초보자용의
safeguard [séifgàːrd] v. 보호하다 n. 보호장치, 안전장치
oust [aust] v. (일자리·권자에서) 몰아내다, 내쫓다
allowance [əláuəns] n. [1] 용돈, 수당 [2] 허락, 허용량
template [témpleit] n. 형판, 견본
fiery [fáiəri] a. 불타는 듯한, 불의
canny [kǽni] a. 약삭빠른, 영리한

37강

penal	_____	contentious	_____
penalize	_____	contend	_____
penalty	_____	contention	_____
fuel	_____	batter	_____
incumbent	_____	glimpse	_____
pacific	_____	mysterious	_____
pacify	_____	eligible	_____
pacifist	_____	ineligible	_____
Pacific	_____	militant	_____
scope	_____	dividend	_____
telling	_____	provisional	_____
compromising	_____	delirium	_____
compromise	_____	delirious	_____
deliver	_____		
weigh	_____		
readily	_____		
stroke	_____		
binding	_____		
biting	_____		
ongoing	_____		
forthcoming	_____		
synopsis	_____		
icon	_____		
by-name	_____		
humanitarian	_____		
profile	_____		
albeit	_____		
reckon	_____		

37강 | 복습

penal [píːnəl] a. 형벌의, 처벌의
penalize [píːnəlàiz] v. 형을 과하다, 벌을 주다
penalty [pénəlti] n. 형벌, 벌금
fuel [fjúːəl] ¹ n. 연료, 기름 ² v. 자극하다
incumbent [inkʌ́mbənt] a. ¹ 의무로서 지워지는 ² 현직의, 재임 중인
pacific [pəsífik] a. 평화로운
pacify [pǽsəfài] v. 평화를 가져오다, 달래다
pacifist [pǽsəfist] n. 평화론자
Pacific [pəsífik] n. 태평양
scope [skoup] n. 범위, 기회, 여지
telling [téliŋ] a. 효과적인, 효과적으로 보여주는
compromising [kʌ́mprəmàiziŋ] a. 명예를 손상시키는, 남부끄러운
compromise [kʌ́mprəmàiz] v. (명예 등을) 손상시키다, 타협하다
deliver [dilívər] v. ¹ 배달하다, 전달하다 ² (연설 등을) 하다 ³ 출산하다
weigh [wei] v. ¹ 무게를 달다, 무게가 ~ 나가다 ² 숙고하다, 저울질하다
readily [rédəli] ad. 기꺼이, 선뜻
stroke [strouk] n. 치기, 타격
binding [báindiŋ] a. 법적 구속력이 있는, 의무적인
biting [báitiŋ] a. 물어뜯는 듯한, 얼얼한, 통렬한
ongoing [ɑːngóuiŋ] a. 계속 진행 중인
forthcoming [fɔ̀ːrθkʌ́miŋ] a. 다가오는, 곧 있을
synopsis [sinápsis] n. 개요, 요약
icon [áikɔn] n. ¹ (상징으로 여겨지는) 우상 ² (컴퓨터 화면의) 아이콘
by-name [bái-nèim] n. 별명, 별칭
humanitarian [hjuːmænitέəriən] a. 인도주의적인
profile [próufail] n. ¹ 옆모습, 윤곽 ² 프로필, 인물소개, 개요 ³ 인지도, (대중의) 관심
albeit [ɔːlbíːit] conj. 비록 ~이기는 하나
reckon [rékən] v. (~라고) 생각하다, 예상하다
contentious [kənténʃəs] a. 논쟁을 좋아하는, 논쟁을 초래할

contend [kəténd] v. 싸우다, 논쟁하다
contention [kənténʃən] n. 말다툼, 논쟁
batter [bǽtər] n. 타자 v. 두드리다, 때리다
glimpse [glimps] v. 흘끗 보다 n. 흘끗 봄
mysterious [mistíəriəs] a. 이해하기 힘든, 불가사의한
eligible [élidʒəbl] a. 적격의, 자격이 있는
ineligible [inélidʒəbl] a. 비적격의, 자격이 없는
militant [mílitənt] a. 호전적인, 공격적인
dividend [dívədènd] n. 배당금
provisional [prəvíʒənəl] a. 임시의, 일시적인
delirium [dilíriəm] n. 정신 착란, 헛소리
delirious [dilíriəs] a. 정신 착란의, 헛소리를 하는

| 경선식영단어 공편토 복습용 암기장 |

offset	_____	off-hand	_____
spectrum	_____	cite	_____
query	_____	quest	_____
render	_____	abortion	_____
bypass	_____	abortive	_____
stall	_____	generic	_____
stereotype	_____	specification	_____
spell	_____	specify	_____
systematic	_____	booklet	_____
integrity	_____	leaflet	_____
homosexual	_____	esoteric	_____
heterosexual	_____		
expressly	_____		
blackout	_____		
bureaucracy	_____		
fireworks	_____		
takeover	_____		
lure	_____		
fabric	_____		
bound	_____		
unbounded	_____		
rebound	_____		
deed	_____		
misdeed	_____		
coup	_____		
whereby	_____		
appall	_____		
appalling	_____		

38강 | 복습

offset [ɔ́:fsèt] v. 상쇄하다, 보충하다
spectrum [spéktrəm] n. (빛의) 스펙트럼, 범위
query [kwíəri] n. 문의, 의문 v. 문의하다, 의문을 제기하다
render [réndər] v. [1] (어떤 상태가 되게) 만들다, ~하게 하다 [2] 주다, 제출하다
bypass [báipæ̀:s] n. 우회로 v. 우회하다
stall [stɔ:l] [1] n. (시장의) 가판대 [2] v. 멈추다, 지연시키다
stereotype [stériətàip] n. 고정관념
spell [spel] [1] v. 철자를 쓰다 [2] n. 주문, 마력 [3] n. 한 동안의 기간
systematic [sìstəmǽtik] a. 체계적인, 유기적인
integrity [intégrəti] n. [1] 진실함 [2] (나뉘지 않고) 완전한 상태
homosexual [hòuməsékʃuəl] a. 동성애의
heterosexual [hètərəsékʃuəl] a. 이성애의
expressly [iksprésli] ad. [1] 분명히, 명확히 [2] 특별히
blackout [blǽkàut] n. 등화관제, 정전, (정부·경찰에 의한) 보도 통제
bureaucracy [bjuərɔ́krəsi] n. 관료정치, 관료체제, 관료
fireworks [fáiərwə̀:rks] n. 불꽃놀이
takeover [téikòuvər] n. (기업 등의) 인수
lure [luər] v. 유혹하다 n. 유혹, 미끼
fabric [fǽbrik] n. [1] 직물, 천 [2] 구조, 조직
bound [baund] [1] v. (경계나 둘레 안으로) 한정하다 n. 경계, 범위 [2] a. 꼭 ~할 것 같은, ~해야 하는 [3] a. ~행의, ~로 향하는(for) [4] v. (공 등이) 튀어오르다
unbounded [ʌnbáundid] a. 무한한
rebound [ribáund] v. 다시 튀어나오다, 튀어오르다
deed [di:d] n. [1] 행위, 행동 [2] 증서
misdeed [misdí:d] n. 비행, 악행
coup [ku:] n. 무력정변, 쿠데타
whereby [hwɛ̀ərbái] ad. 그에 따라서, 그것에 의하여
appall [əpɔ́:l] v. 섬뜩하게 하다
appalling [əpɔ́:liŋ] a. 섬뜩한, 끔찍한, 형편없는

off-hand [ɔ̀:f-hǽnd] [1] a. 즉석의, 준비 없는 ad. 즉석에서 [2] a. 무뚝뚝한 ad. 무뚝뚝하게
cite [sait] v. (이유·예를) 들다, 인용하다
quest [kwest] n. 탐색, 탐구
abortion [əbɔ́:rʃən] n. 유산, 낙태
abortive [əbɔ́:rtiv] a. 유산한, 실패한
generic [dʒənérik] a. 일반적인, 포괄적인
specification [spèsəfikéiʃən] n. (자세한) 설명서
specify [spésəfài] v. 일일이 상술하다
booklet [búklit] n. 소책자
leaflet [lí:flit] n. (광고용) 전단
esoteric [èsətérik] a. 비법을 이어받은, 소수만 이해하는

39강

| 경선식영단어 공편토 복습용 암기장 |

egoism
ego
egoist
egocentric
altruism
altruistic
periodic
mentor
elaborate
rig
metaphor
metaphorical
hybrid
hail
contestant
hypothesis
hypothetical
pending
impending
landmark
milestone
rehearse
banner
inmate
streak
guillotine
compute
pirate

despicable
cleanse
partition
handy
come in handy
payroll
fanatic
spatial
differentiate
differential
memoir
extradite
extradition

egoism [íːgouìzm] n. 이기주의, 이기심
ego [íːgou] n. 자아, 자존심, 자부심
egoist [íːgouist] n. 이기주의자
egocentric [ìːgouséntrik] a. 자기중심적인, 이기적인
altruism [ǽltruːìzm] n. 이타주의
altruistic [æ̀ltruːístik] a. 이타적인
periodic [pìəriádik] a. 정기적인, 주기적인
mentor [méntɔːr] n. 훌륭한 지도자, 스승, 멘토
elaborate a. [ilǽbərət] v. [ilǽbərèit]
¹ a. 공들인, 정교한 ² v. 상세히 설명하다
rig [rig] ¹ v. (부정하게) 조작하다
² v. (장비를) 설치하다 n. 장치
metaphor [métəfər] n. 은유, 비유
metaphorical [mètəfɔ́ːrikəl] a. 은유의, 비유적인
hybrid [háibrid] n. 잡종, 혼성체
hail [héil] ¹ n. 우박, 빗발침 v. 빗발치다
² v. 환호하다 ³ v. 묘사하다
contestant [kəntéstənt] n. 경쟁자, (대회ㆍ시합 등의) 참가자
hypothesis [haipáθəsis] n. 가설, 가정
hypothetical [hàipəθétikəl] a. 가상적인, 가설의
pending [péndiŋ] ¹ a. 미결의, 계류 중인
² a. 임박한, 곧 있을 ³ prep. (어떤 일이) 있을 때까지
impending [impéndiŋ] a. 임박한, 곧 닥칠
landmark [lǽndmàːrk] n.¹ 주요 지형지물, 랜드마크
² 획기적인 사건
milestone [máilstòun] n. 이정표, (역사ㆍ인생 등의) 중요한 단계(사건)
rehearse [rihə́ːrs] v.¹ 리허설을 하다, 예행연습하다
² 반복하다
banner [bǽnər] n. 현수막
inmate [ínmèit] n. 수감자, (정신 병원) 입원 환자
streak [striːk] ¹ n. 줄무늬, 긴 가닥 ² n. 연속
³ n. 기질, 성향 ⁴ v. 쏜살같이 가다
guillotine [gílətìːn] n. 단두대
compute [kəmpjúːt] v. 계산하다, 산출하다

pirate [páiərət] ¹ n. 해적 ² n. 저작권 침해자
v. 불법 복제하다
despicable [dispíkəbl] a. 비열한, 야비한
cleanse [klenz] v. 깨끗이 하다, 닦다
partition [pɑːrtíʃən] n. 분할, 칸막이 v. 분할하다
handy [hǽndi] a. ¹ 편리한, 유용한 ² 능숙한
³ (손에 닿을 정도로) 가까이 있는
come in handy 편리하다, 도움이 되다
payroll [péiròul] n. 급여 총액, 임금대장
fanatic [fənǽtik] n. (~에) 광적인 사람, 광신도
spatial [spéiʃəl] a. 공간의, 장소의
differentiate [dìfərénʃièit] v. 구별하다, 차별하다
differential [dìfərénʃəl] a. 차별하는 n. 차이
memoir [mémwɑːr] n. 회고록
extradite [ékstrədàit] v. (범죄인을 그 관할국에) 인도하다, 넘겨주다
extradition [èkstrədíʃən] n. (국제간의) 도망 범인 인도, 본국 송환

40강

| 경선식영단어 공편토 복습용 암기장 |

sway	inception
garner	hound
buffer	cumulate
hindsight	poignant
foresight	backbone
paternal	spokesperson
maternal	articulate
aboriginal	articulately
acclaim	checkpoint
acclamation	felicity
quake	
inquisitive	
inquire	
inquiry	
extraterrestrial	
terrestrial	
cutting-edge	
vibrant	
scramble	
scrambled	
comparatively	
setback	
derivative	
canvass	
erroneous	
critique	
dogma	
backlash	

40강 | 복습

sway [swei] ¹v. 흔들리다 n. 흔들림 ²n. 장악, 지배
garner [gáːrnər] v. 얻다, 모으다
buffer [bʌ́fər] n. 완충기 v. (충격 등으로부터) 보호하다
hindsight [háindsàit] n. (일이 다 벌어진 후에) 사정을 다 알게 됨, 때늦은 깨달음
foresight [fɔ́ːrsàit] n. 선견지명
paternal [pətə́ːrnl] a. 아버지의, 아버지다운
maternal [mətə́ːrnl] a. 어머니의, 어머니다운
aboriginal [æbərídʒənl] a. 원주민의, 토착의
acclaim [əkléim] v. 갈채를 보내다 n. 환호, 찬사
acclamation [ækləméiʃən] n. 박수갈채, 환호
quake [kweik] v. 몸을 떨다, 마구 흔들리다 n. 지진
inquisitive [inkwízətiv] a. 호기심 많은, 꼬치꼬치 캐묻는
inquire [inkwáiər] v. 묻다, 질문하다
inquiry [inkwáiəri] n. 문의, 질문, 조사
extraterrestrial [èkstrətəréstriəl] a. 외계의, 우주의 n. 우주인(E.T)
terrestrial [təréstriəl] a. 지구상의, 육지의
cutting-edge [kʌ́tiŋ-èdʒ] a. 칼날의, 최첨단의
vibrant [váibrənt] a. ¹ (소리·음성이) 떨리는 ² 활기찬, 힘찬
scramble [skrǽmbl] v. ¹ 기어오르다 ² (경쟁하듯) 서로 밀치다 ³ 간신히 해내다 ⁴ 뒤섞다
scrambled [skrǽmbld] a. 계란을 잘 풀어 섞어서 프라이한
comparatively [kəmpǽrətivli] ad. 비교적, 상대적으로
setback [sétbæ̀k] n. 차질, 좌절
derivative [dirívətiv] a. 도출해낸 n. 파생물
canvass [kǽnvəs] v. ¹ (선거 등을 위한) 유세를 하다 ² (여론·의견을) 조사하다
erroneous [iróuniəs] a. 잘못된, 틀린
critique [kritíːk] n. 비평, 평론 v. 비평하다
dogma [dɔ́ːgmə] n. (독단적인) 신조, 교리, 주장
backlash [bǽklæ̀ʃ] n. 반발

inception [insépʃən] n. 시작, 개시
hound [haund] v. 사냥개 n. 따라다니며 괴롭히다
cumulate [kjúːmjulèit] v. 축적하다, 쌓아올리다 a. 쌓아올린
poignant [pɔ́injənt] a. 가슴에 사무치는, 통한의
backbone [bǽkbòun] n. 척추, 중추
spokesperson [spóukspə̀ːrsn] n. 대변인
articulate [aːrtíkjulèit] v. 분명하게 말하다, 분명히 표현하다
articulately [aːrtíkjulətli] ad. 분명하게, 또렷이
checkpoint [tʃékpɔ̀int] n. 검문소
felicity [fəlísəti] n. 더할 나위 없는 행복

41강

ken	_____	earmark	_____
buildup	_____	treasurer	_____
breakthrough	_____	biblical	_____
cement	_____	anecdote	_____
option	_____	fallout	_____
optional	_____	vice versa	_____
opt	_____		
personnel	_____		
down-to-earth	_____		
balance	_____		
fleet	_____		
by-election	_____		
contingent	_____		
contingency	_____		
tribunal	_____		
loophole	_____		
amnesty	_____		
entrepreneur	_____		
pharmaceutical	_____		
surveillance	_____		
premium	_____		
militia	_____		
trek	_____		
turnover	_____		
rally	_____		
shortcoming	_____		
portal	_____		
dysfunctional	_____		

41강 | 복습

ken [ken] n. 지식의 범위, 이해력
buildup [bíldʌp] n. 증강, 강화, 발전
breakthrough [bréikθrù:] n. 돌파구
cement [simént] n. 시멘트 v. 접합시키다
option [ápʃən] n. 선택권, 선택사항
optional [ápʃənl] a. 선택적인
opt [ɑpt] v. 택하다, 선택하다
personnel [pə̀:rsənél] n. ¹ (조직·군대의) 인원 ² (회사의) 인사과
down-to-earth [dáun-tu-ə̀:rθ] a. 현실적인, 실제적인
balance [bǽləns] n. ¹ 균형 ² 잔액, 잔금
fleet [flí:t] ¹ n. 함대, 선단 ² a. 빠른
by-election [bái-ilèkʃən] n. 보궐선거
contingent [kəntíndʒənt] ¹ n. 대표단 ² a. (~의) 여부에 따라(on, upon) ³ a. 우연한, 뜻밖의, 있을지도 모를
contingency [kəntíndʒənsi] n. 우연, 만일의 사태
tribunal [traibjú:nəl] n. 법정, 재판소
loophole [lú:phòul] n. (빠져나갈) 구멍, 허점
amnesty [ǽmnəsti] n. 사면, 특별사면
entrepreneur [à:ntrəprəné:r] n. 사업가, 기업가
pharmaceutical [fà:rməsjú:tikəl] a. 제약의, 약학의
surveillance [sərvéiləns] n. 감시
premium [prí:miəm] ¹ n. 할증금, 프리미엄 ² a. 고급의, 값비싼
militia [milíʃə] n. 시민군, 민병대
trek [trek] n. 길고 고된 여행, 트레킹 v. 오래 걷다
turnover [tə́:rnòuvər] n. ¹ (기업의 직원) 이직률 ² 총 매상고, 매출액
rally [rǽli] ¹ n. 집회 v. 결집하다 ² n. 회복, 반등 ³ n. [스포츠] 경주
shortcoming [ʃɔ́:rtkʌ̀miŋ] n. 단점, 결함
portal [pɔ́:rtl] n. 대문, 입구
dysfunctional [disfʌ́ŋkʃənl] a. 기능장애의, 고장 난

earmark [íərmà:rk] ¹ v. 귀표를 하다 ² n. 특징 ³ v. (특정 목적용으로) 배정하다
treasurer [tréʒərər] n. 회계원
biblical [bíblikəl] a. 성서의, 성서 속의
anecdote [ǽnikdòut] n. 일화
fallout [fɔ́:làut] n. (핵폭발물의) 낙진, (좋지 못한) 결과, 여파
vice versa [váisə və́:rsə] ad. 그 반대 또한 마찬가지임

42강

handcuff	_____	muscular	_____
moody	_____	cornerstone	_____
dilute	_____	markedly	_____
customize	_____	marked	_____
customized	_____	discourse	_____
ept	_____	proponent	_____
inept	_____	seamless	_____
ineptitude	_____	glean	_____
adept	_____		
restless	_____		
giggle	_____		
holistic	_____		
wield	_____		
unwieldy	_____		
blueprint	_____		
scapegoat	_____		
handout	_____		
perpetual	_____		
mince	_____		
drawback	_____		
flake	_____		
membrane	_____		
spoof	_____		
skim	_____		
muse	_____		
amenity	_____		
belated	_____		
emulate	_____		

handcuff [hǽndkʌf] n. 수갑 v. 수갑을 채우다
moody [múːdi] a. ¹ 기분 변화가 심한 ² 우울한
dilute [dilúːt] v. 묽게 하다, 희석시키다, 약화시키다
customize [kʌ́stəmàiz] v. 사용자의 요구에 맞추다, 주문제작하다
customized [kʌ́stəmàizd] a. 개개인의 요구에 맞춘, 주문제작한
ept [épt] a. 솜씨 있는, 유능한
inept [inépt] a. 솜씨 없는, 서투른
ineptitude [inéptətjùːd] n. 부적당, 어리석음
adept [ədépt] a. 능숙한
restless [réstlis] a. (지루해서) 가만히 못 있는, 제대로 쉬지 못하는
giggle [gígl] v. 킥킥 웃다 n. 킥킥 웃음
holistic [hòulístik] a. 전체론적인
wield [wiːld] v. (권력을) 행사하다, (권력·무기 등을) 휘두르다
unwieldy [ʌ̀nwíːldi] a. 다루기 불편한, 통제하기 힘든
blueprint [blúːprìnt] n. 청사진, 설계도, 계획
scapegoat [skéipgòut] n. 속죄양, 희생양
handout [hǽndàut] n. 유인물, (가난한 사람에게) 거저 주는 것
perpetual [pərpétʃuəl] a. 영구적인, 끊임없는
mince [mins] v. ¹ (고기 따위를) 잘게 썰다 ² 조심스레 말하다
drawback [drɔ́ːbæ̀k] n. 문제점, 결점
flake [fleik] n. 얇은 조각 v. 벗겨지다, 얇게 갈라지다
membrane [mémbrein] n. (세포·조직 등의) 막, 얇은 막
spoof [spuːf] n. 패러디 v. 따라하다, 도용하다
skim [skim] v. ¹ (표면을) 스치듯 지나가다, (요점을 찾기 위해) 훑어 읽다 ² (위에 뜬 찌꺼기를) 걷어내다
muse [mjuːz] v. 사색하다, 골똘히 생각하다
amenity [əménəti] n. 생활 편의 시설
belated [biléitid] a. 뒤늦은, 때늦은
emulate [émjulèit] v. (닮고자 하는 대상을) 모방하다, 흉내 내다

muscular [mʌ́skjulər] a. 근육의, 근육질의
cornerstone [kɔ́ːrnərstòun] n. 초석, 토대
markedly [máːrkidli] ad. 현저하게, 두드러지게
marked [máːrkt] a. 현저한, 두드러진
discourse [dískɔːrs] n. 강연, 담화
proponent [prəpóunənt] n. 제안자, 지지자
seamless [síːmlis] a. 이음매(봉합선)가 없는, (끊김 없이) 아주 매끄러운
glean [gliːn] v. 주워 모으다, 얻다

43강 | 경선식영단어 공편토 복습용 암기장 |

stipulate	_____	abide	_____
stipulation	_____	de facto	_____
pinpoint	_____	de facto leader	_____
flog	_____	liken	_____
brood	_____	ensemble	_____
infuriate	_____	agreeable	_____
clout	_____	perennial	_____
hearten	_____	obnoxious	_____
dishearten	_____	short-sighted	_____
exemplary	_____	transpire	_____
exemplify	_____		
prune	_____		
tenet	_____		
needy	_____		
luxurious	_____		
luxuriant	_____		
installment	_____		
roundabout	_____		
leftover	_____		
barge	_____		
lax	_____		
marital	_____		
turbulent	_____		
bigotry	_____		
bigoted	_____		
bigot	_____		
awry	_____		
almighty	_____		

099

stipulate [stípjulèit] v. 명시하다, 규정하다
stipulation [stìpjuléiʃən] n. 규정, 약정, 조항
pinpoint [pínpòint] v. 정확히 집어내다 a. 정확한
flog [flɔːg] v. ¹ 매(채찍)로 때리다 ² 팔다
brood [bruːd] ¹ v. (새가 알을) 품다 n. (한배에서 태어난) 새끼들 ² v. 깊이 생각하다
infuriate [infjúərièit] v. 격분시키다
clout [klaut] ¹ n. 강타 v. 강타하다 ² n. 영향력, 권력
hearten [háːrtn] v. 용기(희망)를 북돋우다
dishearten [disháːrtn] v. 의기소침하게 하다, 낙담시키다
exemplary [igzémpləri] a. 모범적인, 본보기의
exemplify [igzémpləfài] v. ~의 예가 되다, 예를 들다
prune [pruːn] ¹ v. (쓸데없는 것을) 제거하다 ² n. 말린 자두
tenet [ténit] n. (정치·종교 등의) 주의, 교리敎理
needy [níːdi] a. 가난한, 궁핍한
luxurious [lʌɡʒúəriəs] a. 사치스러운, 호화로운
luxuriant [lʌɡʒúəriənt] a. 풍부한, 무성한
installment [instɔ́ːlmənt] n. 할부, 할부금
roundabout [ráundəbàut] a. (길을) 둘러 가는, 우회적인 n. 로터리
leftover [léftòuvər] n. 남은 음식, 찌꺼기
barge [bɑːrdʒ] ¹ n. 짐배, 바지선 ² v. 밀치고 나아가다
lax [læks] a. 느슨한, 해이한
marital [mǽrətl] a. 결혼의, 부부의
turbulent [tə́ːrbjulənt] a. (날씨가) 사나운, (행동이) 난폭한
bigotry [bígətri] n. 심한 편견
bigoted [bígətid] a. 편견이 아주 심한
bigot [bígət] n. 편견이 심한 사람
awry [ərái] a. 계획대로 되지 않은, 잘못된
almighty [ɔːlmáiti] a. 전능한
abide [əbáid] v. ¹ (법률·합의 등을) 따르다(by) ² 견디다, 참다

de facto [diː fǽktou] a. 사실상의, 실질적인
de facto leader 실질적인 통치자
liken [láikən] v. 비유하다
ensemble [ɑːnsɑ́ːmbl] n. 전체, 앙상블, 합주곡
agreeable [əɡríːəbl] a. 기분 좋은, 동의할 만한
perennial [pəréniəl] a. 영속하는, (식물이) 다년생의
obnoxious [əbnɑ́kʃəs] a. 아주 불쾌한
short-sighted [ʃɔ̀ːrt-sáitid] a. 근시안적인, 경솔한
transpire [trænspáiər] v. ¹ 알고 보니 ~이다, 드러나다 ² (사건 등이) 발생하다

44강 | 경선식영단어 공편토 복습용 암기장 |

landslide	precept
deflate	preceptive
deflation	pitfall
backfire	duty-free
colossal	sarcasm
transcend	hapless
transcendent	gratify
negate	gratification
communal	groundbreaking
culminate	skyscraper
culmination	grimace
blackmail	
coil	
lighthearted	
amiable	
waver	
pose	
paraphrase	
fabrication	
fabricate	
remnant	
void	
demeanor	
misdemeanor	
additive	
faculty	
deadlock	
fetus	

landslide [lǽndslàid] n. ¹ 산사태 ² (선거에서) 압도적인 득표(승리)
deflate [difléit] v. ¹ 공기를 빼다 ² 오므라들다 ³ (통화를) 수축시키다, (물가를) 떨어뜨리다
deflation [difléiʃən] n. ¹ 디플레이션, 물가하락, 통화수축 ² 공기를 뺌
backfire [bǽkfáiər] v. 역효과를 낳다
colossal [kəlásl] a. 거대한, 엄청난
transcend [trænsénd] v. 초월하다
transcendent [trænséndənt] a. 탁월한, 초월적인
negate [nigéit] v. ¹ 부정하다 ² 무효하게 만들다
communal [kəmjúːnəl] a. 공동의, 집단의
culminate [kʌ́lminèit] v. ~로 끝나다, 정점에 다다르다
culmination [kʌ̀lminéiʃən] n. 정점, 최고점
blackmail [blǽkmèil] v. 협박하다, 갈취하다 n. 협박, 갈취
coil [kɔil] n. 코일 v. 감다
lighthearted [làithá:rtid] a. 마음 편한, 쾌활한
amiable [éimiəbl] a. 귀염성 있는, 상냥한
waver [wéivər] v. 흔들리다, 망설이다
pose [pouz] ¹ a. 자세, 포즈 v. 자세를 취하다 ² v. (질문·문제 등을) 제기하다
paraphrase [pǽrəfrèiz] v. (알기 쉽게) 바꾸어 쓰다 n. 바꾸어 말하기
fabrication [fæ̀brikéiʃən] n. ¹ 제작, 제조 ² 거짓말, 위조
fabricate [fǽbrikèit] v. 제작하다, (거짓 등을) 꾸며내다
remnant [rémnənt] n. 나머지, 잔여
void [vɔid] a. ¹ 텅 빈, ~이 전혀 없는 ² 무효의
demeanor [dimíːnər] n. 태도, 품행
misdemeanor [mìsdimíːnər] n. 경범죄, 나쁜 행동
additive [ǽditiv] n. 첨가제, 첨가물
faculty [fǽkəlti] n. ¹ 능력 ² (특정 대학의) 교수진
deadlock [dédlɑ̀:k] n. 교착상태, 막다른 골목
fetus [fíːtəs] n. 태아

precept [príːsept] n. 교훈, (행동) 수칙
preceptive [priséptiv] a. 교훈적인, 명령적인
pitfall [pítfɔ̀ːl] n. 함정, 위험
duty-free [djúːti-friː] a. 면세의
sarcasm [sáːrkæzm] n. 비꼼, 비웃음
hapless [hǽplis] a. 불행한, 운이 없는
gratify [grǽtəfài] v. (욕구 등을) 충족시키다, 기쁘게 하다
gratification [grǽtəfikéiʃən] n. 만족, 희열
groundbreaking [gráundbrèikiŋ] a. 신기원을 이룬, 획기적인
skyscraper [skáiskrèipər] n. 고층빌딩
grimace [gríməs] v. 얼굴을 찡그리다 n. 찡그린 얼굴

45강

pernicious	_____	disparage	_____
fruition	_____	dissuade	_____
downplay	_____	bombshell	_____
plateau	_____	commensurate	_____
downsizing	_____	photosynthesis	_____
downsize	_____	scrupulous	_____
morbid	_____	scruple	_____
contour	_____	lifeless	_____
abyss	_____		
conglomerate	_____		
makeshift	_____		
standoff	_____		
cutback	_____		
conjecture	_____		
clasp	_____		
plural	_____		
pluralism	_____		
catchy	_____		
flamboyant	_____		
worldly	_____		
lukewarm	_____		
affinity	_____		
pry	_____		
vibrating	_____		
vibrate	_____		
vibration	_____		
enthrall	_____		
amiss	_____		

45강 | 복습

pernicious [pərníʃəs] a. 매우 해로운
fruition [fru:íʃən] n. 결실, 성과
downplay [dáunplèi] v. ~을 경시하다, 대단치 않게 생각하다
plateau [plætóu] [1] n. 고원 [2] n. 안정기, 정체기 v. 안정(정체) 상태를 유지하다
downsizing [dáunsàiziŋ] n. 규모 축소, 인원 감원
downsize [dáunsàiz] v. 소형화하다, (구조조정 등으로) 축소하다
morbid [mɔ́:rbid] a. (죽음 등에 대한 관심이) 병적인, (나쁘게) 지나친
contour [kɔ́ntuər] n. [1] 윤곽 [2] 등고선
abyss [əbís] n. 심연, 깊은 나락
conglomerate [kənglɑ́mərət] n. 대기업
makeshift [méikʃìft] a. 임시변통의
standoff [stǽndɔ̀:f] n. 교착 상태
cutback [kʌ́tbæ̀k] n. 축소, 삭감
conjecture [kəndʒéktʃər] v. 추측하다 n. 추측
clasp [klæsp] v. 움켜잡다
plural [plúərəl] a. 복수의, 다원적인 n. 복수형
pluralism [plúərəlìzm] n. 다원론
catchy [kǽtʃi] a. 기억하기 쉬운
flamboyant [flæmbɔ́iənt] a. 화려한, 이색적인
worldly [wə́:rldli] a. 세속적인, 세상의
lukewarm [lú:kwɔ́:rm] a. 미지근한, 미온적인
affinity [əfínəti] n. 친밀감, 밀접한 관계
pry [prai] v. 엿보다, (사생활을) 캐다
vibrating [váibreitiŋ] a. 진동하는
vibrate [váibreit] v. 진동하다
vibration [vaibréiʃən] n. 진동
enthrall [inθrɔ́:l] v. 마음을 사로잡다
amiss [əmís] a. 잘못된, 고장 난
disparage [dispǽridʒ] v. 폄하하다, 얕보다
dissuade [diswéid] v. 설득하여 ~하지 못하게 하다
bombshell [bɑ́mʃèl] n. 폭탄선언, 몹시 충격적인 일

commensurate [kəménʃərət] a. 상응하는, 비례하는
photosynthesis [fòutəsínθəsis] n. 광합성
scrupulous [skrú:pjuləs] a. [1] 세심한, 꼼꼼한 [2] 양심적인
scruple [skrú:pl] n. 양심의 가책, 주저, 망설임
lifeless [láiflis] a. 생명이 없는, 활기 없는

pagan	
forthright	
piecemeal	
wrangle	
laborious	
dunk	
partake	
destitution	
destitute	
syllabus	
stalwart	
ordain	
preordained	
shoplift	
paycheck	
depose	
existential	
breakaway	
causal	
sidestep	
abet	
mesmerize	
diagonal	
typify	
profligate	
profligacy	
temporal	
forsaken	

forsake	
etch	
opinionated	
impromptu	
scuttle	
palatable	
palate	
unpalatable	
constellation	

46강 | 복습

pagan [péigən] n. 이교도
forthright [fɔ́ːrθràit] a. 솔직한
piecemeal [píːsmìːl] ad. 조금씩 a. 조금씩 하는
wrangle [rǽŋgl] n. 언쟁 v. 언쟁하다
laborious [ləbɔ́ːriəs] a. 힘든, 많은 시간과 노동을 요하는
dunk [dʌŋk] v. 적시다, 담그다, 덩크 슛하다
partake [pɑːrtéik] v. ¹ 참가하다 ² 먹다, 마시다
destitution [dèstətjúːʃən] n. 빈곤, 궁핍
destitute [déstətjùːt] a. 빈곤한, 궁핍한, ~이 없는
syllabus [síləbəs] n. (수업 시간표·내용 등의) 교과 요목
stalwart [stɔ́ːlwərt] a. 건장한, 충직한
ordain [ɔːrdéin] v. 임명하다, (미리) 정하다
preordained [prìːɔːrdéind] a. 미리 정해진
shoplift [ʃɑ́ːplìft] v. 가게 물건을 훔치다
paycheck [péitʃèk] n. 급료, 봉급
depose [dipóuz] v. ¹ 증언하다 ² 면직시키다
existential [èɡzisténʃəl] a. 실존주의적인, (인간의) 존재에 관한
breakaway [bréikəwèi] a. 탈퇴한, 독립한 n. 탈퇴
causal [kɔ́ːzəl] a. 원인의, 인과관계의
sidestep [sáidstèp] v. 피하다, 회피하다
abet [əbét] v. 부추기다, (나쁜 일을) 사주하다
mesmerize [mézməràiz] v. 최면을 걸다, 넋을 빼놓다
diagonal [daiǽɡənl] a. 대각선의
typify [típəfài] v. 대표하다, 상징하다
profligate [prɑ́fliɡət] a. 방탕한, 낭비하는
profligacy [prɑ́fliɡəsi] n. 방탕, 낭비
temporal [témpərəl] a. 시간의, 일시적인, 현세의
forsaken [fɔːrséikən] a. 버려진, 유기된
forsake [fɔːrséik] v. 버리다, 저버리다
etch [etʃ] v. (그림이나 무늬를) 새기다, 에칭으로 새기다
opinionated [əpínjənèitid] a. 자기 의견을 고집하는
impromptu [imprɑ́mptjuː] a. 즉흥적인, 즉석의

scuttle [skʌtl] v. ¹ 종종걸음을 치다 ² ~을 무산시키다
palatable [pǽlətəbl] a. 맛 좋은, 입에 맞는
palate [pǽlət] n. 구강, 미각
unpalatable [ʌnpǽlətəbl] a. 입에 맞지 않는, 불쾌한
constellation [kɑ̀nstəléiʃən] n. 별자리, 무리

complexion		purify	
picturesque		waterproof	
scour		bulletproof	
synergy		fireproof	
venom		soundproof	
venomous		split-second	
predicate		dichotomy	
answerable		solidify	
oracle		solidarity	
reparation		hallucinate	
increment		hallucinogen	
apportion			
watershed			
placebo			
hinge			
clandestine			
ordinance			
cur			
painstaking			
steadfast			
rundown			
receptive			
amass			
meander			
exponential			
amicable			
latency			
latent			

47강 | 복습

complexion [kəmplékʃən] n. ¹ 안색, 외모 ² 양상, 형세
picturesque [pìktʃərésk] a. 그림 같은
scour [skauər] v. ¹ 샅샅이 뒤지다 ² 문질러 닦다
synergy [sínərdʒi] n. 동반 상승효과, 협력 작용, 시너지
venom [vénəm] n. ¹ 독 ² 원한
venomous [vénəməs] a. 독이 있는, 원한을 품은
predicate [prédikèit] v. ¹ 단정하다 ² ~의 근거를 두다, 입각하다
answerable [ǽnsərəbl] a. 책임져야 하는, 해명해야 하는
oracle [ɔ́:rəkl] n. 신의 계시, 신탁, 현인, 조언자
reparation [rèpəréiʃən] n. 보상, 배상금
increment [ínkrəmənt] n. 증가, 증액, 임금 인상
apportion [əpɔ́:rʃən] v. 배분하다, 할당하다
watershed [wɔ́:tərʃed] n. (중요한 변화를 나타내는) 분수령, 분기점
placebo [pləsí:bou] n. 위약(僞藥)(정신적 효과를 얻기 위해 환자에게 주는 가짜 약)
hinge [hindʒ] v. 전적으로 ~에 달려 있다(on)
clandestine [klændéstin] a. 은밀한, 비밀리에 하는
ordinance [ɔ́:rdinəns] n. 법령, 명령, 조례
cur [kə:r] n. 똥개, 하찮은 인간
painstaking [péinztèikiŋ] a. 공들인, 힘든
steadfast [stédfæst] a. (태도·목표가) 변함없는
rundown [rʌ́ndàun] a. 지친, 다 쓰러져가는 n. 쇠퇴, (사업의) 축소
receptive [riséptiv] a. 잘 받아들이는, 감수성이 예민한
amass [əmǽs] v. 모으다, 축적하다
meander [miǽndər] v. 굽이쳐 흐르다, 정처 없이 걷다
exponential [èkspounénʃəl] a. (증가율 등이) 기하급수적인, (수학에서) 지수의
amicable [ǽmikəbl] a. 우호적인, 원만한
latency [léitnsi] n. 잠복, 잠재

latent [léitnt] a. 숨어있는, 잠재하는
purify [pjúərəfài] v. 깨끗이 하다, 맑게 하다
waterproof [wɔ́:tərpru:f] a. 방수의
bulletproof [búlitpru:f] a. 방탄의
fireproof [fáiərpru:f] a. 내화의, 불연성의
soundproof [sáundpru:f] a. 방음의
split-second [splít-sékənd] a. 순식간의, 눈 깜짝할 사이의
dichotomy [daikátəmi] n. 양분(兩分), 이분법
solidify [səlídəfài] v. 굳어지다, 굳히다, 단결시키다
solidarity [sàlədǽrəti] n. 단결, 연대
hallucinate [həlú:sinèit] v. 환각을 일으키다
hallucinogen [həlú:sinədʒən] n. 환각제

exorbitant	_____	embroider	_____
exorbitantly	_____	easygoing	_____
willful	_____	cavern	_____
willpower	_____	opportune	_____
exuberant	_____	abbreviate	_____
maniac	_____	abbreviation	_____
maniacal	_____	foolproof	_____
kleptomania	_____	defection	_____
pyromania	_____	vantage	_____
communicative	_____	communicable	_____
uncommunicative	_____	morose	_____
abreast	_____		
keep abreast of	_____		
abdicate	_____		
talkative	_____		
arid	_____		
hiatus	_____		
headlong	_____		
rapport	_____		
recuperate	_____		
pushy	_____		
aqua	_____		
aquatic	_____		
layoff	_____		
lay off	_____		
artisan	_____		
bygone	_____		
dilapidated	_____		

exorbitant [igzɔ́:rbitənt] a. (가격이) 과도한, 터무니없는
exorbitantly [igzɔ́:rbitəntli] ad. 터무니없게
willful(= wilful) [wílfəl] a. [1] 고의적인 [2] 제 마음대로의, 고집 센
willpower [wílpàuər] n. 의지력
exuberant [igzú:bərənt] a. [1] 활기 넘치는 [2] (식물 등이) 무성한, 풍부한
maniac [méiniæk] n. 미치광이, ~광
maniacal [mənáiəkəl] a. 미친, 광적인
kleptomania [klèptəméiniə] n. (병적인) 도벽, 절도광
pyromania [pàirəméiniə] n. 방화벽, 방화광
communicative [kəmjú:nəkèitiv] a. 의사소통의, 말을 잘하는, 속을 털어놓는
uncommunicative [ʌnkəmjú:nəkèitiv] a. 말을 잘 안 하는, 말 없는
abreast [əbrést] ad. 나란히
keep abreast of ~에 대해 최근 정황을 잘 챙겨 알아두다
abdicate [ǽbdikèit] v. (왕좌를) 물러나다, 포기하다
talkative [tɔ́:kətiv] a. 수다스러운, 말이 많은
arid [ǽrid] a. 건조한, 무미건조한
hiatus [haiéitəs] n. 중단(기간), 공백, 틈새
headlong [hédlɔ̀:ŋ] ad. [1] 신속하게, 성급하게 [2] (머리부터) 거꾸로, 곤두박질쳐서
rapport [ræpɔ́:r] n. (친밀한) 관계
recuperate [rikjú:pərèit] v. (건강을) 회복하다, (잃은 것을) 되찾다
pushy [púʃi] a. 강력히 밀어붙이는, 강압적인
aqua [ǽkwə] n. 물, 수분
aquatic [əkwǽtik] a. 물의, 물속에서 사는
layoff [léiɔ̀:f] n. (일시적인) 해고
lay off (일시적으로) 해고하다
artisan [ɑ́:rtizən] n. 숙련공, 장인
bygone [báigɔ̀:n] a. 과거의, 지나간

dilapidated [dilǽpidèitid] a. 낡아빠진, 다 허물어져가는
embroider [imbrɔ́idər] v. 수를 놓다, (이야기를) 꾸미다
easygoing [í:zigóuiŋ] a. 태평한, 느긋한
cavern [kǽvərn] n. (큰) 동굴
opportune [ɑ̀pərtjú:n] a. 시기적절한, (시간상으로) 적절한
abbreviate [əbrí:vièit] v. 줄여 쓰다, 축약하다
abbreviation [əbrì:viéiʃən] n. 단축, 생략
foolproof [fú:lprù:f] a. 바보라도 할 수 있는, 아주 간단한
defection [difékʃən] n. 변절, 탈당
vantage [vǽntidʒ] n. 유리, 유리한 점
communicable [kəmjú:nəkəbl] a. 전염성의
morose [məróus] a. 시무룩한

49강

| 경선식영단어 공편토 복습용 암기장 |

unassuming
watertight
daybreak
pecuniary
impecunious
shrivel
fastidious
subliminal
listless
spellbind
clamor
uppermost
lubricate
transposition
transpose
kindred
ulterior
brainstorm
brainstorming
pretentious
pretense
privatize
turgid
byproduct
desecrate
extraneous
caustic
tittle

servitude
servile
multipurpose
multifaceted
multilingual
walkout
ethereal
obtuse

49강 | 복습

unassuming [ʌnəsúːmiŋ] a. 잘난 체하지 않는, 겸손한
watertight [wɔ́ːtərtàit] a. 방수의, 빈틈없는
daybreak [déibrèik] n. 새벽녘, 동틀 녘
pecuniary [pikjúːnièri] a. 금전상의
impecunious [ìmpikjúːniəs] a. 동전 한 푼 없는, 무일푼의
shrivel [ʃrívəl] v. 시들다, 오그라들다
fastidious [fæstídiəs] a. 세심한, 꽤 까다로운
subliminal [sʌ̀blímənəl] a. 알지 못하는 사이에 영향을 미치는, 잠재의식의
listless [lístlis] a. 힘이 없는, 무기력한
spellbind [spélbàind] v. 주문을 걸다, 매혹하다
clamor [klǽmər] n. 소란, 외침 v. 외치다
uppermost [ʌ́pərmòust] a. 가장 위의, 최고의
lubricate [lúːbrikèit] v. 기름을 칠하다, 매끄럽게 하다
transposition [trænspəzíʃən] n. (위치 등을) 바꾸어 놓음
transpose [trænspóuz] v. 바꾸어 놓다
kindred [kíndrid] n. 친척, 동족 a. 친척의, 동족의, 유사한
ulterior [ʌltíəriər] a. 이면의, 숨은
brainstorm [bréinstɔ̀ːrm] n. 반짝이는 아이디어 v. 아이디어를 짜내다
brainstorming [bréinstɔ̀ːrmiŋ] n. 브레인스토밍 (회의에서 각자 의견을 제출하여 최선책을 결정하는 일)
pretentious [priténʃəs] a. 허세 부리는, 가식적인
pretense [príːtens] n. 허세, 가식, 겉치레, 구실, 핑계
privatize [práivətàiz] v. 민영화하다
turgid [tɔ́ːrdʒid] a. [1] 부어오른, 팽창된, 과장된 [2] (글 등이) 복잡하고 따분한
byproduct [báiprɑ̀dəkt] n. 부산물
desecrate [désikrèit] v. 신성함을 더럽히다(모독하다)
extraneous [ikstréiniəs] a. 관련 없는, 외래의
caustic [kɔ́ːstik] a. [1] 부식성의 [2] 신랄한

tittle [títl] n. 한 점, 털끝만큼
servitude [sə́ːrvətjùːd] n. 노예 상태, 노역, 징역
servile [sə́ːrvil] a. 굽실거리는, 비굴한
multipurpose [mʌ̀ltipə́ːrpəs] a. 다목적의
multifaceted [mʌ̀ltifǽsitid] a. 다면적인, 다방면에 걸친
multilingual [mʌ̀ltilíŋgwəl] a. 수개 국어를 말하는
walkout [wɔ́ːkàut] n. 동맹 파업, 항의 퇴장
ethereal [iθíəriəl] a. 천상의, 하늘에서 온 것 같은
obtuse [əbtjúːs] a. 둔감한, 우둔한

officiate	_____	cacophony	_____
trenchant	_____	phonetic	_____
errant	_____	phonetics	_____
polarize	_____	emollient	_____
anesthesia	_____	haughty	_____
anesthetic	_____	restive	_____
deprave	_____	letdown	_____
depravity	_____	remonstrate	_____
touchstone	_____	mollify	_____
falsify	_____		
falsification	_____		
birthright	_____		
decrepit	_____		
showy	_____		
malleable	_____		
modulate	_____		
modulation	_____		
perfunctory	_____		
downcast	_____		
toothed	_____		
pickpocket	_____		
galvanize	_____		
browbeat	_____		
peerless	_____		
didactic	_____		
subsist	_____		
subsistence	_____		
lascivious	_____		

officiate [əfíʃièit] v. 직무를 수행하다, (결혼식 · 장례식 등을) 집행하다
trenchant [tréntʃənt] a. 정곡을 찌르는, 날카로운
errant [érənt] a. (행동 등이) 잘못된, (행실이) 좋지 못한
polarize [póuləràiz] v. 극성을 띠게 하다, 양극화 하다
anesthesia(= anaesthesia) [æ̀nəsθíːʒə] n. 마취
anesthetic [æ̀nəsθétik] n. 마취제 a. 마취의
deprave [dipréiv] v. 타락시키다, 부패시키다
depravity [diprǽvəti] n. 타락, 부패
touchstone [tʌ́tʃstòun] n. 시금석, 표준
falsify [fɔ́ːlsəfài] v. 위조하다, 조작하다
falsification [fɔ̀ːlsəfikéiʃən] n. 위조, 변조, 왜곡, 곡해
birthright [béːrθràit] n. 태어날 때부터 얻는 권리
decrepit [dikrépit] a. 노쇠한, 노후한
showy [ʃóui] a. 현란한, 화려한
malleable [mǽliəbl] a. [1] (금속 등을) 두들겨 펼 수 있는 [2] 영향을 잘 받는, 잘 변하는
modulate [mádjulèit] v. (목소리 · 신호 등을) 조절하다, 맞추다
modulation [màdjuléiʃən] n. 조정, 조절, 변조
perfunctory [pərfʌ́ŋktəri] a. 형식적인, 겉치레의
downcast [dáunkæ̀st] a. 기가 꺾인, 눈을 내리깐
toothed [tuːθt] a. 이가 있는, 톱니 모양의
pickpocket [píkpɑ̀ːkit] n. 소매치기
galvanize [gǽlvənàiz] v. 자극하다, 갑자기 활기를 띠게 하다
browbeat [bráubìːt] v. 위협하다, 윽박지르다
peerless [píərlis] a. 비할 데 없는, 매우 훌륭한
didactic [daidǽktik] a. 교훈적인, 설교적인
subsist [səbsíst] v. 근근이 살아가다
subsistence [səbsístəns] n. 근근이 살아감, 생계
lascivious [ləsíviəs] a. 음탕한, 음란한
cacophony [kəkáfəni] n. 불협화음

phonetic [founétik] a. 음성의, 발음의
phonetics [founétiks] n. 음성학
emollient [imáliənt] a. 진정시키는, 달래는
haughty [hɔ́ːti] a. 오만한, 거만한
restive [réstiv] a. (지루하거나 불만스러워) 가만히 못 있는
letdown [létdàun] n. [1] 감소, 감퇴 [2] 실망, 허탈감
remonstrate [rimánstreit] v. 항의하다
mollify [máləfài] v. 진정시키다, 달래다

51강

buxom		peep	
sapling		prosumer	
duckling		muffle	
fledgling		muffler	
nestling		calumny	
underling		ramification	
suckling		amble	
inscrutable		ambling	
pen name		agora	
circumnavigate		rancor	
neophyte		rancorous	
farsighted		contain	
nearsighted		odds	
kinetic		paucity	
kith		ravenous	
kith and kin		strident	
self-possessed		pathology	
obtrude		amputate	
anabolism			
anabolic			
solicitude			
solicitous			
asperse			
aspersion			
diaphanous			
penury			
penurious			
peek			

51강 | 복습

buxom [bʌ́ksəm] a. 포동포동한, 풍만한
sapling [sǽpliŋ] n. 어린 나무
duckling [dʌ́kliŋ] n. 새끼 오리
fledgling [fléd3liŋ] n. 새끼 새, 풋나기
nestling [néstliŋ] n. 새끼 새
underling [ʌ́ndərliŋ] n. 부하, 졸개
suckling [sʌ́kliŋ] n. 젖먹이
inscrutable [inskrúːtəbl] a. (사람·표정이) 헤아리기 어려운
pen name [pén nèim] n. 필명
circumnavigate [sə̀ːrkəmnǽvəgèit] v. ~을 두루 항해하다, (세계) 일주하다
neophyte [níːəfàit] n. 초심자
farsighted [fɑːrsáitid] a. 선견지명이 있는, 원시(遠視)의
nearsighted [níərsàitid] a. 근시의, 근시안적인
kinetic [kinétik] a. (물리학에서의) 운동의
kith [kiθ] n. 일가친척
kith and kin 일가친척
self-possessed [sèlf-pəzést] a. 침착한, 냉정한
obtrude [əbtrúːd] v. (남에게 제 의견을) 강요하다, 끼어들다
anabolism [ənǽbəlìzm] n. 같아지려 함, 동화작용
anabolic [ænəbálik] a. 동화작용의
solicitude [səlísitjùːd] n. 염려, 배려
solicitous [səlísətəs] a. 걱정하는, 염려해주는
asperse [əspə́ːrs] v. 험담하다, ~에게 (욕설·물 등을) 퍼붓다
aspersion [əspə́ːrʃən] n. 험담, 비방
diaphanous [daiǽfənəs] a. 속이 비치는, 투명한
penury [pénjuri] n. 매우 가난함, 극빈
penurious [pənjúəriəs] a. 가난한, 궁핍한, 인색한
peek [piːk] v. 몰래 엿보다, 훔쳐보다
peep [piːp] v. 몰래 엿보다. n. 훔쳐봄, 삑(찍) 하는 소리
prosumer [prousjúːmər] n. 생산 소비자(제품 개발에 적극 참여하고 의사를 표현하는 소비자)

muffle [mʌfl] v. ¹감싸다, 덮다 ²(소리를) 죽이다
muffler [mʌ́flər] n. ¹목도리 ²소음기
calumny [kǽləmni] n. 비방, 중상
ramification [ræ̀məfikéiʃən] n. (파생한) 결과, 영향
amble [ǽmbl] v. 천천히 걷다
ambling [ǽmbliŋ] a. 천천히 걷는, 느린
agora [ǽgərə] n. 광장, 시민 광장
rancor [rǽŋkər] n. 원한, 앙심
rancorous [rǽŋkərəs] a. 원한이 있는
contain [kəntéin] v. ¹포함하다 ²억누르다, 억제하다
odds [ɑdz] n. 가능성, 확률
paucity [pɔ́ːsəti] n. 소량, 부족
ravenous [rǽvənəs] a. 몹시 굶주린, (식욕이) 엄청난
strident [stráidnt] a. ¹(소리가) 귀에 거슬리는 ²단호한
pathology [pəθálədʒi] n. 병리학
amputate [ǽmpjutèit] v. (손이나 발을) 절단하다

52강

| 경선식영단어 공편토 복습용 암기장 |

intuition	_____	iniquity	_____
intuitive	_____	inculcate	_____
inevitable	_____	inject	_____
inebriate	_____	injection	_____
invoice	_____	incarcerate	_____
infest	_____	insidious	_____
incipient	_____	injunction	_____
indict	_____	incorrigible	_____
indictment	_____	insurgent	_____
ingenious	_____	insurrection	_____
ingenuity	_____	intrinsic	_____
inordinate	_____	extrinsic	_____
insolvent	_____	inflammable	_____
insolvency	_____	inflame	_____
inventory	_____	intake	_____
incinerate	_____	instigate	_____
indolent	_____	instigation	_____
indolence	_____	infiltrate	_____
inveterate	_____	invincible	_____
insipid	_____	incriminate	_____
instill	_____	inbred	_____
incur	_____	inquest	_____
inexorable	_____		
incite	_____		
intrigue	_____		
intriguing	_____		
ingrained	_____		
iniquitous	_____		

52강 | 복습

intuition [ìntjuːíʃən] n. 직관, 직감
intuitive [intjúːətiv] a. 직관에 의한, 직관적인
inevitable [inévitəbl] a. 피할 수 없는
inebriate [iníːbrièit] v. 취하게 하다 n. 술꾼
invoice [ínvɔis] n. 청구서, 송장
infest [infést] v. (곤충·쥐 등이) 들끓다, 우글거리다
incipient [insípiənt] a. 막 시작된, 초기의
indict [indáit] v. 기소하다, 고발하다
indictment [indáitmənt] n. 기소, 고발
ingenious [indʒíːnjəs] a. (생각 등이) 기발한, 창의적인
ingenuity [ìndʒənjúːəti] n. 발명의 재주, 창의력
inordinate [inɔ́ːrdinət] a. 과도한, 지나친
insolvent [insálvənt] a. 파산한
insolvency [insálvənsi] n. 파산
inventory [ínvəntɔ̀ːri] n. 재고조사, 물품 목록
incinerate [insínərèit] v. 태워 없애다
indolent [índələnt] a. 나태한, 게으른
indolence [índələns] n. 나태, 게으름
inveterate [invétərət] a. (습관 등이) 뿌리 깊은, 고질적인
insipid [insípid] a. 맛이 없는, 재미없는
instill [instíl] v. (사상 등을) 주입시키다
incur [inkə́ːr] v. (위험·손실 등을) 초래하다, 발생시키다
inexorable [inéksərəbl] a. 멈출(변경할) 수 없는, 거침없는
incite [insáit] v. 선동하다, 조장하다
intrigue [intríːg] ¹v. (호기심·흥미를) 끌다 n. 흥미 ²v. 음모를 꾸미다 n. 음모
intriguing [intríːgiŋ] a. ¹음모를 꾸미는 ²흥미를 자아내는
ingrained [ingréind] a. 뿌리 깊게 박혀있는, 뿌리 깊은
iniquitous [iníkwitəs] a. 부정한, 부당한
iniquity [iníkwəti] n. 부정, 부당

inculcate [inkÁlkeit] a. (되풀이하여 마음속에) 심어주다
inject [indʒékt] v. 주사하다, 주입하다
injection [indʒékʃən] n. 주사, 주입
incarcerate [inkáːrsərèit] v. 투옥하다, 감금하다
insidious [insídiəs] a. ¹음흉한, 교활한 ²은밀히 퍼지는
injunction [indʒÁŋkʃən] n. (법원의) 명령
incorrigible [inkɔ́ːridʒəbl] a. 교정할 수 없는, 고질적인
insurgent [insə́ːrdʒənt] n. 반란자, 폭도
insurrection [ìnsərékʃən] n. 폭동, 반란
intrinsic [intrínsik] a. 고유의, 본질적인
extrinsic [ikstrínsik] a. 외부의, 외래의
inflammable [inflǽməbl] a. 타기 쉬운, 가연성의
inflame [infléim] v. 불태우다, 흥분시키다, 자극하다
intake [íntèik] n. 섭취
instigate [ínstəgèit] v. 부추기다, 선동하다, 실시하게 하다
instigation [ìnstəgéiʃən] n. 실시하게 함, 부추김, 선동
infiltrate [infíltrèit] v. 침투시키다, 스며들다
invincible [invínsəbl] a. 천하무적의, 정복할 수 없는
incriminate [inkrímənèit] v. 죄를 지우다
inbred [ínbréd] a. 타고난, 선천적인
inquest [ínkwest] n. 검토, 조사, 사인 규명

53강

inhuman	upbraid
intransigent	uphold
intransigence	uprising
inaction	up-to-date
invalidate	upturn
infirm	upbringing
infirmity	uproar
infirmary	upbeat
indelible	upkeep
incapacitate	upcoming
incise	counter
incisive	counterproductive
incision	counteract
indeterminate	counterattack
infamous	countermeasure
infamy	
incense	
intact	
inviolate	
inviolable	
incalculable	
antidote	
antisocial	
antibody	
antiseptic	
antifreeze	
upheaval	
upshot	

inhuman [inhjú:mən] a. 인정 없는, 비인간적인
intransigent [intrǽnsədʒənt] a. 비협조적인, 비타협적인
intransigence [intrǽnsədʒəns] n. 비타협적인 태도
inaction [inǽkʃən] n. 활동하지 않음, 게으름
invalidate [invǽlədèit] v. 무효화하다
infirm [infə́:rm] a. 병약한, 노쇠한
infirmity [infə́:rməti] n. 허약, 병약
infirmary [infə́:rməri] n. 진료소, 병원, 양호실
indelible [indéləbl] a. 지워지지 않는, 잊을 수 없는
incapacitate [ìnkəpǽsətèit] v. 무능력하게 하다
incise [insáiz] v. 베다, 자르다, 새기다
incisive [insáisiv] a. 날카로운, 예리한
incision [insíʒən] n. 절개, 베기
indeterminate [ìnditə́:rmənət] a. 불확실한, 불명확한
infamous [ínfəməs] a. 악명 높은
infamy [ínfəmi] n. 악명, 오명
incense [ínsens] ¹ v. 격분시키다 ² n. 향
intact [intǽkt] a. 손대지 않은, 손상되지 않은
inviolate [inváiələt] a. 침해당하지 않는, 위반할 수 없는
inviolable [inváiələbl] a. 범할 수 없는, 위반할 수 없는
incalculable [inkǽlkjuləbl] a. 헤아릴 수 없는, 막대한
antidote [ǽntidòut] n. 해독제
antisocial [æ̀ntisóuʃəl] a. 반사회적인, 비사교적인
antibody [ǽntibɑ̀:di] n. 항체
antiseptic [æ̀ntiséptik] n. 소독제, 방부제 a. 살균의
antifreeze [ǽntifrì:z] n. 부동액
upheaval [ʌphí:vəl] n. 대변동, 격변
upshot [ʌ́pʃɑ:t] n. 결론, 결과
upbraid [ʌpbréid] v. 꾸짖다, 질책하다

uphold [ʌphóuld] v. 유지시키다, 지지하다
uprising [ʌ́pràiziŋ] n. 봉기, 반란, 폭동
up-to-date [ʌ̀p-tə-déit] a. 최신의
upturn [ʌ́ptə:rn] n. 상승, 향상
upbringing [ʌ́pbriŋiŋ] n. 교육, 양육
uproar [ʌ́prɔ:r] n. 소란, 소동
upbeat [ʌ́pbi:t] a. 낙관적인, 긍정적인
upkeep [ʌ́pki:p] n. 유지(비)
upcoming [ʌ́pkʌmiŋ] a. 다가오는, 앞으로 곧 생길
counter [káuntər] ¹ n. 계산대, 판매대 ² n. 정반대 v. 반박하다, 대응하다
counterproductive [kàuntərprədʌ́ktiv] a. 역효과를 낳는
counteract [kàuntərǽkt] v. 대항하다, 상쇄하다, 중화시키다
counterattack [káuntərətæ̀k] n. 반격, 역습 v. 반격하다
countermeasure [káuntərmèʒər] n. 대책, 대응조치

54강

recant	_____	respite	_____
recidivist	_____	repercussion	_____
recidivism	_____	revolt	_____
remiss	_____	recoil	_____
resuscitate	_____	remorse	_____
redoubtable	_____	remorseful	_____
reprieve	_____	remorseless	_____
redress	_____	reprehend	_____
refurbish	_____	reprehensible	_____
resurrection	_____	reprimand	_____
reticent	_____	reproduce	_____
rebuff	_____	reunion	_____
rescind	_____	regain	_____
revamp	_____	retrieve	_____
retard	_____	retrieval	_____
retardation	_____	irretrievable	_____
remunerate	_____	replica	_____
remuneration	_____	reimburse	_____
rebel	_____	reinstate	_____
rebellious	_____	reiterate	_____
rebellion	_____		
repulse	_____		
revitalize	_____		
retribution	_____		
repose	_____		
recourse	_____		
recline	_____		
recliner	_____		

54강 | 복습

recant [rikǽnt] v. (공식적으로) 취소하다, 철회하다
recidivist [risídivist] n. 상습범
recidivism [risídəvìzm] n. 상습성, 상습적인 범행
remiss [rimís] a. 태만한, 게으른
resuscitate [risʌ́sitèit] v. 소생시키다
redoubtable [ridáutəbl] a. 가공할, 무시무시한, 경외할 만한
reprieve [riprí:v] v. (형 집행을) 취소하다, 유예하다 n. 집행유예
redress [rì:drés] v. 바로잡다 n. 보상, 배상
refurbish [rì:fə́:rbiʃ] v. (방·건물 등을) 새로 꾸미다, 쇄신하다
resurrection [rèzərékʃən] n. (그리스도 등의) 부활
reticent [rétisənt] a. 과묵한, 말이 없는
rebuff [ri(:)bʌ́f] v. 거절하다 n. 거절
rescind [risínd] v. (계약·법률 등을) 철회하다, 취소하다
revamp [rì:vǽmp] v. 개조하다, 개선하다
retard [ritá:rd] v. 지연시키다, 늦추다
retardation [rì:tɑːrdéiʃən] n. 지연, 저지
remunerate [rimjú:nərèit] v. 보상하다, 보수를 주다
remuneration [rimjù:nəréiʃən] n. 보수, 보상
rebel n. [rébəl] v. [ribél] n. 반역자, 반항적인 사람 v. 반역하다
rebellious [ribéljəs] a. 반역하는, 반항적인
rebellion [ribéljən] n. 반역, 반란, 반항
repulse [ripʌ́ls] v. ¹ 혐오감을 주다 ² 격퇴하다, 물리치다
revitalize [ri:váitəlàiz] v. 새로운 활력을 주다, 부활시키다
retribution [rètribjú:ʃən] n. 응징, 천벌
repose [ripóuz] n. 휴식, 수면 v. 휴식하다
recourse [rí:kɔːrs] n. 의지, 의존
recline [rikláin] v. 기대다, 눕다, 눕히다
recliner [rikláinər] n. 리클라이너(등받이가 뒤로 넘어가는 안락의자)

respite [réspait] n. 일시적인 중단, 휴식, 연기
repercussion [rì:pərkʌ́ʃən] n. 영향, 파급효과
revolt [rivóult] n. 반란 v. 반란을 일으키다
recoil [rikɔ́il] v. 움찔하다, 움츠러들다
remorse [rimɔ́:rs] n. 후회, 자책
remorseful [rimɔ́:rsfəl] a. 후회하는
remorseless [rimɔ́:rslis] a. 뉘우치지 않는
reprehend [rèprihénd] v. 비난하다, 꾸짖다
reprehensible [rèprihénsəbl] a. 비난받을 만한
reprimand [réprəmænd] v. 질책하다, 꾸짖다
reproduce [rì:prədjú:s] v. 복제하다, 번식하다
reunion [ri:jú:njən] n. 재결합, 동창회
regain [rigéin] v. 되찾다, 회복하다
retrieve [ritrí:v] v. 되찾다, 회복하다
retrieval [ritrí:vəl] n. 회복, 복구
irretrievable [ìritrí:vəbl] a. 회복할 수 없는, 돌이킬 수 없는
replica [réplikə] n. 복제품, 복제, 복사
reimburse [rì:imbə́:rs] v. 갚다, 상환하다
reinstate [rì:instéit] v. (원래 상태로) 회복시키다, 복귀시키다
reiterate [ri:ítəreit] v. 되풀이하다

55강

| 경선식영단어 공편토 복습용 암기장 |

redouble	_____	reserved	_____
repugnant	_____	resurgent	_____
reactivate	_____	underscore	_____
rehabilitate	_____	underpin	_____
reproach	_____	underpinning	_____
relentless	_____	underdog	_____
relent	_____	underline	_____
unrelenting	_____	underrate	_____
relentlessly	_____	underway	_____
recount	_____	underlie	_____
recast	_____	underlying	_____
retaliate	_____	understatement	_____
retaliation	_____	understate	_____
recrimination	_____	undercover	_____
repay	_____	undermine	_____
repress	_____	underwrite	_____
repression	_____	omnipresent	_____
relinquish	_____	omniscient	_____
resilient	_____	prescience	_____
resile	_____	prescient	_____
resilience	_____	omnivorous	_____
rebut	_____	omnipotent	_____
rebuttal	_____	omnipotence	_____
rebate	_____		
remission	_____		
recalcitrant	_____		
redundant	_____		
redundancy	_____		

redouble [rìːdʌ́bl] v. 배가시키다, 크게 늘리다
repugnant [ripʌ́gnənt] a. 싫은, 혐오스러운
reactivate [riǽktəvèit] v. 재활성화하다, 재가동하다
rehabilitate [rìːhəbílətèit] v. 재활 치료를 하다, 회복시키다
reproach [ripróutʃ] v. 비난하다 n. 책망
relentless [riléntlis] a. [1] 수그러들지 않는, 끈질긴 [2] 가차 없는
relent [rilént] v. 수그러들다
unrelenting [ʌnriléntiŋ] a. 수그러들지 않는, 가차 없는
relentlessly [riléntlisli] ad. 가차 없이
recount [rikáunt] [1] v. 다시 세다, 재검표하다 n. 재검표 [2] v. 이야기하다, (자세히) 말하다
recast [rìːkǽst] v. 배역을 바꾸다, 재구성하다
retaliate [ritǽlièit] v. 보복하다
retaliation [ritæ̀liéiʃən] n. 보복
recrimination [rikrìminéiʃən] n. 맞고소, 맞비난
repay [ripéi] n. (돈·은혜 등을) 갚다, 보답하다
repress [riprés] v. 억누르다, 억제하다
repression [ripréʃən] n. 진압, 억제, 억압
relinquish [rilíŋkwiʃ] v. 포기하다, (권리 등을) 양도하다
resilient [rizíljənt] a. 탄력 있는, (부상 등에) 회복력 있는
resile [rizáil] v. 탄력이 있다, 회복하다
resilience [rizíljəns] n. 탄력, 회복력
rebut [ribʌ́t] v. 논박하다, 반박하다
rebuttal [ribʌ́tl] n. 논박, 반박
rebate [ríːbeit] n. (금액 일부의) 환불, 리베이트, 사례금
remission [rimíʃən] n. [1] (병의) 차도 [2] 감형, 면제
recalcitrant [rikǽlsitrənt] a. 반항하는, 고집 센
redundant [ridʌ́ndənt] a. [1] 과다한 [2] 정리 해고당한
redundancy [ridʌ́ndənsi] n. 과다, 정리 해고

reserved [rizə́ːrvd] a. [1] (언동을) 삼가는, 과묵한 [2] 예약된, 예비의
resurgent [risə́ːrdʒənt] a. 다시 살아나는, 다시 기승을 부리는
underscore [ʌ̀ndərskɔ́ːr] v. 밑줄을 긋다, 강조하다
underpin [ʌ̀ndərpín] v. 뒷받침하다, 버팀목을 대다
underpinning [ʌ́ndərpìniŋ] n. 뒷받침, 토대, 기반
underdog [ʌ́ndərdɔ̀ːg] n. (이기거나 성공할 가능성이 적은) 약자, 약체
underline [ʌ̀ndərláin] v. 밑줄을 긋다, 강조하다
underrate [ʌ̀ndəréit] v. 과소평가하다
underway [ʌ̀ndərwéi] a. (계획 등이) 진행 중인, 항해 중인
underlie [ʌ̀ndərlái] v. ~의 밑에 있다, ~의 기초가 되다
underlying [ʌ́ndərlàiiŋ] a. 기초가 되는, 근원적인
understatement [ʌ̀ndərstéitmənt] n. 절제된 표현
understate [ʌ̀ndərstéit] v. 삼가서 말하다
undercover [ʌ̀ndərkʌ́vər] a. 비밀의, 첩보활동의
undermine [ʌ̀ndərmáin] v. (기반·권위 등을) 약화시키다
underwrite [ʌ̀ndərráit] v. 아래에 서명하다, 동의하다
omnipresent [ɑ̀ːmnipréznt] a. 어디에나 있는
omniscient [ɑːmnísiənt] a. 전지의, 박식한
prescience [préʃəns] n. 예지, 선견, 통찰
prescient [préʃənt] a. 선견지명이 있는, 예지력이 있는
omnivorous [ɑːmnívərəs] a. 잡식성의
omnipotent [ɑːmnípətənt] a. 전능의
omnipotence [ɑːmnípətəns] n. 전능, 무한한 힘

56강

| 경선식영단어 공편토 복습용 암기장 |

embargo	_____	enlist	_____
embryo	_____	encapsulate	_____
embryonic	_____	enjoin	_____
empirical	_____	encode	_____
embed	_____	endanger	_____
embedded	_____	endangered	_____
entice	_____	enlarge	_____
enticing	_____	enrage	_____
engross	_____	enslave	_____
enclave	_____	entrap	_____
encompass	_____	entitle	_____
encumber	_____	endear	_____
encumbrance	_____	endearment	_____
engrave	_____	infrastructure	_____
engulf	_____	infrared	_____
enzyme	_____	infrasound	_____
encroach	_____	beneficiary	_____
encroachment	_____	benevolent	_____
empower	_____	benevolently	_____
endorse	_____	benign	_____
endorsement	_____		
enlighten	_____		
enlightened	_____		
enlightenment	_____		
enact	_____		
encase	_____		
encircle	_____		
enmity	_____		

56강 | 복습

embargo [imbá:rgou] n. (수출·수입) 금지, 통상금지
embryo [émbriòu] n. 태아, 배아
embryonic [èmbriánik] a. 배아의, 초기의
empirical [impírikəl] a. 경험에 의거한, 실증적인
embed [imbéd] v. 깊숙이 박다, 끼워 넣다
embedded [imbédid] a. 깊이 박혀있는, 내장된
entice [intáis] v. 유인하다, 꾀다
enticing [intáisiŋ] a. 마음을 끄는, 유혹적인
engross [ingróus] v. 몰두시키다
enclave [énkleiv] n. (한 국가나 도시 내의 이문화집단의) 거주지
encompass [inkʌ́mpəs] v. ¹ 둘러싸다 ² 포함하다
encumber [inkʌ́mbər] v. 방해하다
encumbrance [inkʌ́mbrəns] n. 방해물, 거추장스러운 것
engrave [ingréiv] v. 새기다
engulf [ingʌ́lf] v. 에워싸다, 휩싸이게 하다
enzyme [énzaim] n. 효소
encroach [inkróutʃ] v. 침입하다, (권리·생활 등을) 침해하다
encroachment [inkróutʃmənt] n. 침입, 침해
empower [impáuər] v. 권한을 주다
endorse [indɔ́:rs] v. ¹ 지지하다 ² (수표에) 배서하다
endorsement [indɔ́:rsmənt] n. ¹ 지지 ² 배서, 보증
enlighten [inláitn] v. 깨우치게 하다, 계몽하다
enlightened [inláitnd] a. 깨우친, 계몽된
enlightenment [inláitnmənt] n. 깨우침, 계몽
enact [inǽkt] v. 법을 제정하다
encase(= incase) [inkéis] v. 용기 안에 넣다, (보호를 위해) 감싸다
encircle [insə́:rkl] v. (둥글게) 에워싸다
enmity [énməti] n. 원한, 증오, 적대감
enlist [inlíst] v. ¹ 입대하다 ² (협조를) 얻다[요청하다]
encapsulate [inkǽpsjulèit] v. ¹ 캡슐에 넣다 ² 요약하다

enjoin [indʒɔ́in] v. ¹ 명령하다 ² 금하다(from)
encode [inkóud] v. 암호화하다, 부호화하다
endanger [indéindʒər] v. 위태롭게 하다
endangered [indéindʒərd] a. 멸종 위기에 처한
enlarge [inlá:rdʒ] v. 확대하다
enrage [inréidʒ] v. 격노하게 하다
enslave [insléiv] v. 노예로 만들다, (어떤 것에) 노예가 되게 하다
entrap [intrǽp] v. 함정에 빠뜨리다
entitle [intáitl] v. ¹ 자격(권리)를 주다 ² 제목을 붙이다
endear [indíər] v. 애정을 느끼게 하다
endearment [indíərmənt] n. 애정, 친애의 표시
infrastructure [ínfrəstrʌ̀ktʃər] n. ¹ 하부구조 ² 사회 기반 시설(인프라)
infrared [ìnfrəréd] a. 적외선의 n. 적외선
infrasound [ínfrəsàund] n. 초저주파 불가청음 (귀로 들을 수 없는 저주파 소리)
beneficiary [bènəfíʃəri] n. 수익자, 수혜자
benevolent [bənévələnt] a. 자애로운, 자비로운
benevolently [bənévələntli] ad. 자비롭게
benign [bináin] a. 상냥한, (기후·성격 등이) 온화한

57강

| 경선식영단어 공편토 복습용 암기장 |

confess		coexistence	
confession		cohabit	
accomplice		commitment	
complicity		commit	
compound		cohort	
composite		congenial	
commotion		consolidate	
coalesce		confound	
coalition		confounded	
confederate		condescend	
federal		commission	
federate		complacent	
converge		complacency	
convergent		consummation	
convergence		consummate	
cogent		micro	
contiguous		microbe	
concord		microorganism	
concordant		microeconomics	
concordance		macroeconomics	
comrade		autocracy	
correlate		autocrat	
correlation		autocratic	
confiscate		automate	
confiscation		automation	
concoct		autonomous	
composure		autonomy	
composed			

confess [kənfés] v. 자백하다, 고백하다
confession [kənféʃən] n. 자백, 고백
accomplice [əkámplis] n. 공범자
complicity [kəmplísəti] n. 공모, 연루
compound [kámpaund] v. 혼합한 n. 혼합물
composite [kəmpázit] a. 합성의, 혼합된
commotion [kəmóuʃən] n. 소동, 소란
coalesce [kòuəlés] v. 합치다, 연합하다
coalition [kòuəlíʃən] n. 연합체, 연합
confederate a. [kənfédərət] v. [kənfédəreit] a. 동맹의, 연합한 v. 동맹하다
federal [fédərəl] a. 동맹의, 연합의
federate [fédəreit] v. 연합시키다, 동맹하다
converge [kənvə́:rdʒ] v. 한 점에 모이다, 모여 들다
convergent [kənvə́:rdʒənt] a. 점차 집합하는, 한 점에 모이는
convergence [kənvə́:rdʒəns] n. 수렴, 집합
cogent [kóudʒənt] a. 설득력 있는, 타당한
contiguous [kəntígjuəs] a. 접촉하는, 인접한
concord [kánkɔ:rd] n. 화합, 일치
concordant [kankɔ́:rdnt] a. 화합의, 일치하는
concordance [kankɔ́:rdns] n. 화합, 일치
comrade [kámræd] n. 동무, 동료
correlate [kɔ́:rəleit] v. 연관성이 있다
correlation [kɔ̀:rəléiʃən] n. 상호관계
confiscate [kánfiskèit] v. 압수하다, 몰수하다
confiscation [kànfiskéiʃən] n. 압수
concoct [kankákt] v. 섞어 만들다, (이야기 등을) 꾸며내다
composure [kəmpóuʒər] n. 침착, 평정
composed [kəmpóuzd] a. [1] 침착한 [2] 구성된
coexistence [kouigzístəns] n. 공존
cohabit [kouhǽbit] v. 동거하다
commitment [kəmítmənt] n. 약속, 헌신, 전념
commit [kəmít] v. [1] (죄 등을) 범하다 [2] 헌신하다, 전념하다

cohort [kóuhɔ:rt] n. 집단, 그룹
congenial [kəndʒí:niəl] a. 마음이 맞는, 마음에 드는
consolidate [kənsálidèit] v. [1] 합병하다, 통합하다 [2] 공고히 하다, 강화하다
confound [kənfáund] v. 당혹시키다, 혼란시키다
confounded [kənfáundid] a. 당황한
condescend [kàndəsénd] v. (우월감을 갖고) 자신을 낮추다, 거만하게 굴다
commission [kəmíʃən] n. [1] 위원회 [2] 커미션, 수수료
complacent [kəmpléisnt] a. 현실에 안주하는
complacency [kəmpléisnsi] n. 현실 안주, 현 상태에 만족함
consummation [kànsəméiʃən] n. 마무리, 완성
consummate a. [kənsʌ́mət] v. [kánsəmèit] a. 완벽한, 능숙한 v. 완벽하게 하다
micro [máikrou] n. 아주 작은 것 a. 극소의
microbe [máikroub] n. 세균, 미생물
microorganism [màikrouɔ́:rgənìzm] n. 미생물
microeconomics [màikrouì:kənámiks] n. 미시경제학
macroeconomics [mæ̀krouì:kənámiks] n. 거시경제학
autocracy [ɔ:tákrəsi] n. 독재정치
autocrat [ɔ́:təkræt] n. 독재군주, 독재자
autocratic [ɔ̀:təkrǽtik] a. 독재의, 횡포한
automate [ɔ́:təmèit] v. 자동화하다
automation [ɔ̀:təméiʃən] n. 자동화
autonomous [ɔ:tánəməs] a. 자주적인, 자치의, 자율적인
autonomy [ɔ:tánəmi] n. 자치, 자치권, 자율

disperse		dislocate	
dispersion		disown	
dispersal		discount	
disband		dissimilar	
disdain		assail	
displace		assailant	
disarm		unassailable	
disarming		accost	
disseminate		assimilate	
disinclined		allocate	
disquieting		allocation	
disquiet		apprentice	
discord		ascertain	
discordant		affect	
disrepair		affix	
disprove		adjoin	
discontent		accolade	
disarray		appraise	
dishonest		appraisal	
dislike			
disloyal			
disobey			
disorder			
displease			
disqualify			
dissatisfy			
disfigure			
disheartened			

disperse [dispə́:rs] v. 흩어지다, 해산시키다
dispersion [dispə́:rʒən] n. 흩뜨림, 분산
dispersal [dispə́:rsəl] n. 흩어짐, 분산
disband [disbǽnd] v. 해산하다, 해체하다
disdain [disdéin] v. 무시하다, 경멸하다 n. 무시, 경멸
displace [displéis] v. ¹ 대체하다 ² 쫓아내다
disarm [disɑ́:rm] v. 무장해제하다, 군비축소하다
disarming [disɑ́:rmiŋ] a. (의혹·두려움 등을) 가시게 하는
disseminate [disémineìt] v. (정보·지식 등을) 퍼뜨리다, 전파하다
disinclined [dìsinkláind] a. 내키지 않는, 꺼리는
disquieting [diskwáiətiŋ] a. 불안하게 하는
disquiet [diskwáiət] n. 불안 v. 불안하게 하다
discord [dískɔ:rd] n. 불화, 불협화음
discordant [diskɔ́:rdənt] a. 조화를 이루지 못하는
disrepair [dìsripɛ́ər] n. 파손, 황폐
disprove [disprú:v] v. 틀렸음을 입증하다
discontent [dìskəntént] n. 불만 a. 불만스러운
disarray [dìsəréi] n. 혼란, 엉망
dishonest [disɑ́nist] a. 부정직한
dislike [disláik] v. 싫어하다
disloyal [dislɔ́iəl] a. 충실하지 않은
disobey [dìsəbéi] v. 복종하지 않다
disorder [disɔ́:rdər] n. ¹ 무질서, 엉망 ² (신체적) 장애
displease [displí:z] v. 불쾌하게 만들다
disqualify [diskwɑ́ləfài] v. 자격을 박탈하다
dissatisfy [dissǽtisfài] v. 불만을 품게 하다
disfigure [disfígjər] v. (외양을) 흉하게 하다, 망가뜨리다
disheartened [dishɑ́:rtnd] a. 낙담한
dislocate [dísloukèit] v. (뼈를) 탈구시키다, 혼란에 빠뜨리다
disown [disóun] v. 의절하다, 인연을 끊다

discount [dískaunt] ¹ v. ~을 고려하지 않다, 무시하다 ² n. 할인
dissimilar [dissímələr] a. 다른, 같지 않은
assail [əséil] v. (신체적·언어적) 공격을 가하다
assailant [əséilənt] n. 공격자, 폭행범
unassailable [ʌnəséiləbl] a. 난공불락의
accost [əkɔ́:st] v. 다가가 말을 걸다
assimilate [əsíməlèit] v. 동화되다, 자기 것으로 흡수하다(이해하다)
allocate [ǽləkèit] v. 할당하다, 배정하다
allocation [ǽləkéiʃən] n. 할당
apprentice [əpréntis] n. 견습생, 수습생
ascertain [æsərtéin] v. 확인하다, 알아내다
affect [əfékt] v. ¹ 가장하다, ~체하다 ² 영향을 주다
affix [əfíks] v. 첨부하다, 붙이다
adjoin [ədʒɔ́in] v. 인접하다
accolade [ǽkəlèid] n. 칭찬, 표창, 영예
appraise [əpréiz] v. 평가하다, 감정하다
appraisal [əpréizəl] n. 평가, 감정

59강

| 경선식영단어 공편토 복습용 암기장 |

subdue
subdued
submerge
succumb
subconscious
subdivide
subterranean
subservient
succinct
dejected
detest
detestable
defunct
debunk
devout
defile
descend
descent
descendant
deduct
deductible
degrade
degrading
delinquent
delinquency
derail
defame
denote

deforest
devalue
devaluation
debase
deciduous
decry
delineate
deregulate
deregulation
deform
deformity
debilitate
decode
destabilize
stabilize
stable
decompose
deactivate
activate
demerit
default

subdue [səbdjúː] v. 진압하다, (감정 등을) 억누르다
subdued [səbdjúːd] a. (기분이) 가라앉은, 부드러운
submerge [səbmə́ːrdʒ] v. 물속에 담그다, 잠수하다
succumb [səkʌ́m] v. 굴복하다
subconscious [sʌbkánʃəs] a. 잠재의식의 n. 잠재의식
subdivide [sʌbdiváid] v. 세분하다
subterranean [sʌbtəréiniən] a. 지하의
subservient [səbsə́ːrviənt] a. 굴종하는, 굴복하는
succinct [səksíŋkt] a. 간결한, 간단명료한
dejected [didʒéktid] a. 낙심한
detest [ditést] v. 매우 싫어하다
detestable [ditéstəbl] a. 매우 싫은
defunct [difʌ́ŋkt] a. 죽은, 현존하지 않는
debunk [diːbʌ́ŋk] v. [1] ~의 정체를 폭로하다 [2] 틀렸음을 밝히다
devout [diváut] a. 신앙심이 두터운, 독실한
defile [difáil] v. 더럽히다, 모독하다
descend [disénd] v. [1] 내려가다, 내려오다 [2] 계통을 잇다, 전해지다
descent [disént] n. [1] 내려감, 하락 [2] 혈통
descendant [diséndənt] n. 자손, 후예
deduct [didʌ́kt] v. 감하다, 공제하다
deductible [didʌ́ktəbl] a. 공제 가능한
degrade [digréid] v. (품위·명성 등을) 떨어뜨리다
degrading [digréidiŋ] a. (품위를) 떨어뜨리는, 수치스러운
delinquent [dilíŋkwənt] a. [1] 비행의, 과실 있는 [2] 채무 불이행의
delinquency [dilíŋkwənsi] n. 비행, 범죄
derail [diːréil] v. (기차 등이) 탈선하다
defame [diféim] v. 중상모략하다, 명예를 훼손하다
denote [dinóut] v. 나타내다, 뜻하다
deforest [diːfɔ́ːrist] v. 삼림을 벌채하다
devalue [diːvǽlju] v. 평가 절하하다, ~의 가치를 떨어뜨리다

devaluation [diːvæljuéiʃən] n. 평가절하, (가치·신분 등의) 저하
debase [dibéis] v. (인격·가치 등을) 떨어뜨리다
deciduous [disídʒuəs] a. 낙엽성의
decry [dikrái] v. 헐뜯다, 비난하다
delineate [dilínièit] v. (상세하게) 기술하다(그리다)
deregulate [diːrégjulèit] v. 규제를 철폐하다
deregulation [diːrègjuléiʃən] n. 규제 철폐, 규제 완화
deform [difɔ́ːrm] v. 변형시키다, 기형으로 만들다
deformity [difɔ́ːrməti] n. 기형, 불구
debilitate [dibílətèit] v. 약화시키다
decode [diːkóud] v. 해독하다
destabilize [diːstéibəlàiz] v. 불안정하게 하다
stabilize [stéibəlàiz] v. 안정시키다, 견고하게 하다
stable [stéibl] a. 안정된, 견실한
decompose [dìːkəmpóuz] v. 분해하다, 분해되다, 부패하다
deactivate [diːǽktəvèit] v. (작동을) 정지시키다, 비활성화하다
activate [ǽktəvèit] v. 작동시키다, 활성화시키다
demerit [dimérit] n. 단점, 결점
default [difɔ́ːlt] n. (채무·약속 등의) 불이행 v. 실행하지 않다

outstanding		malady	
outline		malignant	
outlaw		malign	
outlay		maltreat	
outlet		malicious	
outstrip		malice	
outstretched		malnutrition	
outfit		malevolent	
outburst		malfunction	
outcast		malformation	
outcry		malnourished	
outbreak		malaise	
outdated			
outgoing			
outright			
outlive			
outdo			
outnumber			
outshine			
outreach			
propitious			
prolong			
protrude			
promulgate			
prophecy			
prophesy			
prophetic			
prophet			

outstanding [àutstǽndiŋ] a. [1] 눈에 띄는, 탁월한 [2] 미결제의, 아직 처리되지 않은
outline [áutlàin] n. 윤곽, 개요
outlaw [áutlɔ̀ː] n. 범죄자 v. 불법화하다
outlay [áutlèi] n. 지출(액), 경비
outlet [áutlet] n. [1] 배출구 [2] 할인점, 아울렛
outstrip [àutstríp] v. 앞지르다, 능가하다
outstretched [àutstrétʃt] a. 펼친, 뻗친
outfit [áutfit] n. 옷, 복장
outburst [áutbə̀ːrst] n. (감정의) 폭발, 분출, 급격한 증가
outcast [áutkæ̀st] a. 쫓겨난, 버림받은 n. 버림받은 사람
outcry [áutkrài] n. 격렬한 항의, 아우성
outbreak [áutbrèik] n. (전쟁·사고·질병 등의) 발생, 발발
outdated [àutdéitid] a. 시대에 뒤진, 구식인
outgoing [áutgòuiŋ] a. [1] 외향적인, 사교적인 [2] 떠나는
outright [áutràit] a. 완전한, 명백한
outlive [àutlív] v. ~보다 오래 살다
outdo [àutdúː] v. ~보다 낫다, 능가하다
outnumber [àutnʌ́mbər] v. 수적으로 우세하다
outshine [àutʃáin] v. ~보다 잘 빛나다, ~보다 더 뛰어나다
outreach [àutríːtʃ] [1] n. 봉사 활동 [2] v. ~보다 멀리 미치다, 능가하다
propitious [prəpíʃəs] a. (일을 하기에) 좋은(유리한), 길조의
prolong [prəlɔ́ːŋ] v. 늘이다, 연장하다
protrude [proutrúːd] v. 내밀다, 튀어나오다
promulgate [prάməlgèit] v. 널리 알리다, 공포하다
prophecy [prάfəsi] n. 예언
prophesy [prάfəsài] v. 예언하다, 예보하다
prophetic [prəfétik] a. 예언적인
prophet [prάfit] n. 예언자
malady [mǽlədi] n. 병, 병폐

malignant [məlígnənt] a. 악의 있는, (병이) 악성의
malign [məláin] a. 해로운 v. 헐뜯다, 중상하다
maltreat [mæltríːt] v. 학대하다, 혹사시키다
malicious [məlíʃəs] a. 악의 있는
malice [mǽlis] n. 악의, 원한
malnutrition [mæ̀lnjuːtríʃən] n. 영양실조
malevolent [məlévələnt] a. 악의 있는
malfunction [mælfʌ́ŋkʃən] n. 고장, 오작동 v. 오동작하다
malformation [mæ̀lfɔːrméiʃən] n. (몸의) 기형
malnourished [mæ̀lnə́ːriʃt] a. 영양실조
malaise [mæléiz] n. 병폐, 문제점

61강

| 경선식영단어 공편토 복습용 암기장 |

forebear　　　　_____　　imperious　　　　_____
foreboding　　　_____　　imbue　　　　　_____
forecast　　　　_____　　impart　　　　　_____
forefather　　　_____　　impoverish　　　_____
foregoing　　　_____　　impregnable　　_____
forefront　　　 _____　　impasse　　　　_____
foresight　　　 _____　　improbable　　 _____
forestall　　　 _____　　impenetrable　 _____
foreword　　　_____　　imperceptible　_____
foreman　　　 _____　　imperceptibly　_____
foreshadow　　_____　　impervious　　 _____
imperative　　 _____
imbecile　　　_____
imbibe　　　　_____
impudent　　　_____
impostor　　　_____
impunity　　　_____
impugn　　　　_____
impeach　　　_____
impound　　　_____
impetus　　　 _____
implicit　　　 _____
imply　　　　 _____
implication　　_____
imprint　　　 _____
implicate　　 _____
implant　　　_____
impersonate　_____

forebear [fɔ́:rbὲər] n. 선조, 조상
foreboding [fɔ:rbóudiŋ] n. 육감, (불길한) 예감
forecast [fɔ́:rkæ̀st] n. 예측, 예보 v. 예측하다, 예보하다
forefather [fɔ́:rfὰ:ðər] n. 선조, 조상
foregoing [fɔ:rgóuiŋ] a. 앞서 말한 n. 앞서 말한 것
forefront [fɔ́:rfrʌ̀nt] n. 맨 앞, 선두
foresight [fɔ́:rsὰit] n. 선견지명, 통찰력
forestall [fɔ:rstɔ́:l] v. 미리 막다, 미연에 방지하다
foreword [fɔ́:rwə̀:rd] n. 머리말, 서문
foreman [fɔ́:rmən] n. 우두머리, (건설 현장의) 감독
foreshadow [fɔ:rʃǽdou] v. 징조를 보이다
imperative [impérətiv] a. 필수적인, 반드시 해야 하는
imbecile [ímbəsl] n. 바보 a. 저능한
imbibe [imbáib] v. 마시다, 흡수하다
impudent [ímpjudənt] a. 무례한, 버릇없는
impostor [impɔ́stər] n. 사기꾼
impunity [impjú:nəti] n. 처벌받지 않음
impugn [impjú:n] v. (남의 행동·의견·성실성 등에 대해) 이의를 제기하다, 비난 공격하다
impeach [impí:tʃ] v. 탄핵하다, 고발하다
impound [impáund] v. 압류하다, 몰수하다
impetus [ímpitəs] n. 자극, 자극제
implicit [implísit] a. 암시된, 내포된
imply [implái] v. 암시하다, 내포하다
implication [ìmplikéiʃən] n. 암시, 내포
imprint n. [ímprint] v. [imprínt] n. 자국, 각인 v. 새기다
implicate [ímpləkèit] v. 연루시키다
implant [implǽnt] v. 심다, 주입하다
impersonate [impə́:rsənèit] v. (다른 사람)인 척하다, 흉내 내다
imperious [impíəriəs] a. 오만한, 거만한
imbue [imbjú:] v. 가득 채우다
impart [impɑ́:rt] v. (정보·지식 등을) 전하다, 주다

impoverish [impávəriʃ] v. 가난하게 하다
impregnable [imprégnəbl] a. 난공불락의
impasse [ímpæs] n. 교착상태, 막다른 골목
improbable [imprɑ́bəbl] a. 일어날 것 같지 않은, 희한한
impenetrable [impénətrəbl] a. 관통할 수 없는, 꿰뚫을 수 없는, 불가해한
imperceptible [ìmpərséptəbl] a. 감지할 수 없는
imperceptibly [ìmpərséptəbli] ad. 감지할 수 없게, 알아차릴 수 없게
impervious [impə́:rviəs] a. (액체·기체 등을) 통과시키지 않는, 영향받지 않는

superstition	
superlative	
superb	
superbly	
insuperable	
surreal	
surname	
surcharge	
superabundance	
superabundant	
unseemly	
seemly	
uneasy	
uncover	
unload	
unruly	
untimely	
untie	
unveil	
undress	
unfold	
untold	
unwitting	
unwittingly	
unseat	
undo	
unremitting	
unbecoming	
unerring	
err	
unsettling	
uncharted	
unearth	
unsung	
ambidextrous	
ambient	
ambiance	
ambivalence	
ambivalent	
ambit	
perimeter	
periscope	
periphery	
peripheral	

superstition [sùːpərstíʃən] n. 미신
superlative [səpə́ːrlətiv] a. 최고의, 최상의
superb [supə́ːrb] a. 최고의, 매우 훌륭한
superbly [supə́ːrbli] ad. 최고로, 훌륭하게
insuperable [insúːpərəbl] a. 극복할 수 없는
surreal [səríːəl] a. 초현실적인, 비현실적인
surname [sə́ːrnèim] n. 성
surcharge [sə́ːrtʃɑ̀ːrdʒ] n. 추가 요금
superabundance [sùːpərəbʌ́ndəns] n. 과다, 매우 풍부함
superabundant [sjùːpərəbʌ́ndənt] a. 과다한, 너무 많은
unseemly [ʌnsíːmli] a. (행동 등이) 어울리지 않는, 부적당한
seemly [síːmli] a. 적당한, 예의에 맞는
uneasy [ʌníːzi] a. 불안한, 우려되는
uncover [ʌnkʌ́vər] v. (덮개를) 열다, 폭로하다, 밝히다
unload [ʌnlóud] v. 짐을 내리다
unruly [ʌnrúːli] a. 다루기 힘든, 제멋대로 구는
untimely [ʌntáimli] a. 때 이른, 시기상조의
untie [ʌntái] v. 풀다, 끄르다
unveil [ʌnvéil] v. 베일을 벗다, 정체를 드러내다
undress [ʌndrés] v. 옷을 벗다, 옷을 벗기다
unfold [ʌnfóuld] v. 펴다, 펼치다
untold [ʌntóuld] a. [1] 말로 다 할 수 없는, 엄청난 [2] 아무에게도 들려주지 않은
unwitting [ʌnwítiŋ] a. 자신도 모르는, 부지불식간의
unwittingly [ʌnwítiŋli] ad. 자신도 모르게, 무의식중에
unseat [ʌnsíːt] v. 자리에서 몰아내다(내쫓다)
undo [ʌndúː] v. [1] (잠기거나 묶인 것을) 풀다, 끄르다 [2] 원상태로 돌리다
unremitting [ʌ̀nrimítiŋ] a. 끊임없는
unbecoming [ʌ̀nbikʌ́miŋ] a. 어울리지 않는
unerring [ʌnə́ːriŋ] a. 틀림없는, 정확한

err [əːr] v. 실수하다
unsettling [ʌnsétliŋ] a. 불안하게 하는, 동요시키는
uncharted [ʌntʃɑ́ːrtid] a. (지도나) 도표에도 없는, 미지의
unearth [ʌnə́ːrθ] v. 발굴하다, 파내다
unsung [ʌnsʌ́ŋ] a. (그럴 자격이 있음에도) 찬양받지 못한
ambidextrous [æ̀mbidékstrəs] a. 양손잡이의
ambient [ǽmbiənt] a. [1] 주위의 [2] (음악·조명 등이) 잔잔한, 은은한
ambiance(= ambience) [ǽmbiəns] n. 주위 환경, 분위기
ambivalence [æmbívələns] n. 반대 감정 병존, 양면가치
ambivalent [æmbívələnt] a. 반대 감정이 병존하는, 양면적인
ambit [ǽmbit] n. 범위, 영역
perimeter [pərímitər] n. 주위, 주변
periscope [pérəskòup] n. 잠망경
periphery [pərífəri] n. 주변, (덜 중요한) 주변부
peripheral [pərífərəl] a. 주변의, 지엽적인

63강

extinguish		expedite	
extinguisher		expiate	
extinct		interlock	
evict		intercourse	
eviction		interdependent	
eject		interim	
extricate		intertwine	
inextricable		twine	
excerpt		intermission	
extirpate		intermittent	
exhume		interconnect	
expatriate		interval	
exile		intergalactic	
extenuate		interstellar	
exhilarate		irreparable	
exhilarating		irrespective	
elongate		irrespective of	
exhalation		irreconcilable	
exhale		irreplaceable	
inhalation		replaceable	
inhale		irreversible	
exude			
expulsion			
exploit			
exploitation			
excavate			
excavation			
expeditious			

extinguish [ikstíŋwiʃ] v. (불·빛 등을) 끄다
extinguisher [ikstíŋwiʃər] n. 소화기
extinct [ikstíŋkt] a. (생명·생물이) 멸종된
evict [ivíkt] v. 쫓아내다
eviction [ivíkʃən] n. 퇴거, 쫓아냄
eject [idʒékt] v. 내쫓다, 배출하다, 탈출하다
extricate [ékstrikèit] v. (곤경에서) 구해내다, 벗어나게 하다
inextricable [inékstrikəbl] a. 벗어날 수 없는, 떼려고 해도 뗄 수 없는, 불가분의
excerpt [éksə:rpt] n. 발췌 (부분)
extirpate [ékstərpèit] v. 제거하다, 없애다
exhume [igzjú:m] v. (특히 검시를 위해 시체를) 파내다
expatriate [èkspǽtriət] n. (고국이 아닌) 국외 거주자
exile [éksail] n. 추방, 망명
extenuate [iksténjuèit] v. 정상을 참작하다, 경감하다
exhilarate [igzílərèit] v. 신나게(생기 나게) 만들다
exhilarating [igzílərèitiŋ] a. 신나는
elongate [iló:ŋgeit] v. 길게 늘이다, 길어지다
exhalation [èkshəléiʃən] n. 숨을 내쉼, (연기·냄새 등을) 내뿜음
exhale [ekshéil] v. 숨을 내쉬다, (연기·냄새 등을) 내뿜다
inhalation [ìnhəléiʃən] n. 숨을 들이쉼, 흡입
inhale [inhéil] v. 숨을 들이쉬다, (연기 등을) 빨아들이다
exude [igzú:d] v. (냄새·느낌 등을) 풍기다, 흘러나오다
expulsion [ikspʌ́lʃən] n. 추방, 제명
exploit v. [iksplɔ́it] n. [éksplɔit] ¹ v. 개척하다, 개발하다 ² v. 이용하다, 착취하다 ³ n. 공적, 위업
exploitation [èksplɔitéiʃən] n. 개척, 개발, 착취
excavate [ékskəvèit] v. (굴·구멍을) 파다, 발굴하다

excavation [èkskəvéiʃən] n. 땅파기, 발굴
expeditious [èkspədíʃəs] a. 급속한, 신속한
expedite [ékspədàit] v. 촉진시키다, 신속히 처리하다
expiate [ékspièit] v. 속죄하다
interlock [ìntərlák] v. 서로 맞물리게 하다, 서로 맞물리다
intercourse [íntərkɔ̀:rs] n. 교류, 교제, 성교
interdependent [ìntərdipéndənt] a. 상호의존적인
interim [íntərim] a. 임시의, 잠정적인
intertwine [ìntərtwáin] v. 뒤얽히다, 엮다
twine [twain] n. 노끈 v. 휘감다
intermission [ìntərmíʃən] n. 중간 휴식 시간
intermittent [ìntərmítnt] a. 간헐적인, 간간이 일어나는
interconnect [ìntərkənékt] v. 연결시키다, 관련시키다
interval [íntərvəl] n. 간격
intergalactic [ìntərgəlǽktik] a. 은하계 간의
interstellar [ìntərstélər] a. 별과 별 사이의, 항성 간의
irreparable [irépərəbl] a. 회복할 수 없는, 돌이킬 수 없는
irrespective [ìrispéktiv] a. 관계없는, 상관하지 않는
irrespective of ~와 관계없는
irreconcilable [irékənsàiləbl] a. 화해할 수 없는, 화합할 수 없는
irreplaceable [ìripléisəbl] a. (그 무엇으로도) 대체할 수 없는
replaceable [ripléisəbl] a. 대체할 수 있는
irreversible [ìrivə́:rsəbl] a. 되돌릴 수 없는

64강

| 경선식영단어 공편토 복습용 암기장 |

overlap		presuppose	
overpower		preliminary	
oversee		predominant	
overturn		predominate	
overcast		prerequisite	
overthrow		precondition	
override		premature	
overeat		predicament	
overtime		predate	
overweight		preconceive	
overwork		preconception	
overstate		precarious	
overrate		predilection	
overhear		preoccupied	
oversight		preoccupy	
overtake		preoccupation	
overview		predisposition	
overhaul		premier	
overrun		presage	
overrule		pristine	
overlay		prelude	
overpass		pretrial	
precocious			
presumptuous			
pretext			
pressing			
prevalent			
prehistoric			

64강 | 복습

overlap [óuvərlæp] v. 겹치다, 겹치게 하다
overpower [òuvərpáuər] v. 제압하다, 압도하다
oversee [òuvərsíː] v. 감독하다
overturn [òuvərtə́ːrn] v. 뒤집히다, 뒤집다
overcast [òuvərkǽst] a. 구름이 뒤덮인, 흐린
overthrow [òuvərθróu] v. (지도층·정부를) 전복시키다, 타도하다 n. 타도, 전복
override [òuvəráid] v. ¹ (결정·명령 등을) 기각하다, 무시하다 ² 우선하다, ~보다 더 중요하다
overeat [òuvəríːt] v. 과식하다
overtime [óuvərtàim] n. 초과근무, 잔업
overweight [òuvərwéit] a. 과체중의, 비만의
overwork [òuvərwə́ːrk] v. 과로하다 n. 과로
overstate [òuvərstéit] v. 과장하다
overrate [òuvəréit] v. 과대평가하다
overhear [òuvərhíər] v. 엿듣다, 우연히 듣다
oversight [óuvərsàit] n. ¹ 간과, 실수 ² 감독, 관리
overtake [òuvərtéik] v. 따라잡다, (폭풍 등이) 덮치다
overview [óuvərvjùː] n. 요약, 개요
overhaul [òuvərhɔ́ːl] n. 점검, 정비 v. 점검하다
overrun [òuvərʌ́n] v. ¹ 들끓다 ² 짓밟다 ³ 초과하다
overrule [òuvərúːl] v. ¹ 기각하다, 무효로 하다 ² 지배하다, 압도하다
overlay [òuvərléi] v. 덮어씌우다, ~의 위에 입히다
overpass [óuvərpæ̀s] ¹ n. 육교, 고가도로 v. 건너다 ² v. 못 보고 지나치다
precocious [prikóuʃəs] a. 조숙한
presumptuous [prizʌ́mptʃuəs] a. 주제넘은, 건방진
pretext [príːtekst] n. 구실, 핑계
pressing [présiŋ] a. 시급한, 긴급한
prevalent [prévələnt] a. 널리 퍼져 있는, 일반적인
prehistoric [prìːhistɔ́ːrik] a. 선사 시대의
presuppose [prìːsəpóuz] v. 미리 가정하다, ~을 전제로 하다
preliminary [prilímənèri] a. 예비의, 서두의

predominant [pridá:mənənt] a. 두드러진, 우세한
predominate [pridá:minèit] v. 두드러지다, 우세하다
prerequisite [prìːrékwəzit] n. 전제조건 a. 전제조건이 되는
precondition [prìːkəndíʃən] n. 전제조건
premature [prìːmətʃúər] a. 예정보다 이른, 시기상조의
predicament [pridíkəmənt] n. 곤경, 궁지
predate [priːdéit] v. (시기적으로) ~보다 앞서다
preconceive [prìːkənsíːv] v. 선입견을 갖다, 예상하다
preconception [prìːkənsépʃən] n. 예상, 선입견
precarious [prikɛ́əriəs] a. 불안정한, 위태로운
predilection [prìːdilékʃən] n. 특히 좋아함
preoccupied [priákjupàid] a. (생각·걱정에) 사로잡힌, 몰두한
preoccupy [priákjupài] v. 뇌리를 사로잡다
preoccupation [priàkjupéiʃən] n. (생각·걱정에) 사로잡힘, 몰두
predisposition [prìːdispəzíʃən] n. 성향
premier [príːmiər] n. 수상 a. 최고의, 제1의
presage [priséidʒ] v. 전조가 되다 n. 조짐
pristine [prístiːn] a. 자연 그대로의, 완전 새것 같은
prelude [prélju:d] n. 전주곡, 서곡
pretrial [priːtráiəl] n. 사전 심리, 공판 전 회합 a. 공판 전의

misplace	_____	bewitch	_____
misjudge	_____	belie	_____
misuse	_____	belittle	_____
misconstrue	_____	Pan-American	_____
construe	_____	pandemonium	_____
misfit	_____	bilingual	_____
mislay	_____	biweekly	_____
misstep	_____	bimonthly	_____
mistreat	_____	biannual	_____
mishap	_____	biennial	_____
amoral	_____	biennially	_____
amorality	_____	binary	_____
anomaly	_____	bisexual	_____
anomalous	_____		
asymmetrical	_____		
atypical	_____		
preposterous	_____		
posthumous	_____		
posthumously	_____		
postdate	_____		
posterity	_____		
postnatal	_____		
euphoria	_____		
eulogy	_____		
euphemism	_____		
eugenic	_____		
eugenics	_____		
befit	_____		

misplace [mìspléis] v. 제자리에 두지 않다(그래서 찾지를 못하다)
misjudge [mìsdʒʌ́dʒ] v. 잘못 판단하다
misuse n. [mìsjúːs] v. [mìsjúːz] n. 오용, 남용 v. 오용하다
misconstrue [mìskənstrúː] v. 오해하다
construe [kənstrúː] v. 이해하다, 해석하다
misfit [mìsfít] n. 부적응자
mislay [mìsléi] v. 제자리에 두지 않다(그래서 찾지를 못하다)
misstep [mìsstép] n. 실수, 실책
mistreat [mìstríːt] v. 학대하다
mishap [míshæp] n. 사고, 불행
amoral [eimɔ́ːrəl] a. 도덕관념이 없는, 부도덕한
amorality [èimərǽləti] n. 부도덕
anomaly [ənáməli] n. 변칙, 이례
anomalous [ənámələs] a. 변칙의, 이례의
asymmetrical [èisimétrikəl] a. 비대칭의
atypical [eitípikəl] a. 이례적인, 전형적이 아닌
preposterous [pripástərəs] a. 말도 안 되는, 터무니없는
posthumous [pástʃuməs] a. 사후의, 죽은 후의
posthumously [pástʃuməsli] ad. 사후에
postdate [pòustdéit] v. (시간적으로) 뒤에 일어나다
posterity [pɑstérəti] n. 후세, 자손
postnatal [poustnéitl] a. 출생 후의
euphoria [juːfɔ́ːriə] n. 행복감, 희열
eulogy [júːlədʒi] n. 칭찬, 찬사
euphemism [júːfəmìzm] n. 완곡어법, 완곡한 표현
eugenic [juːdʒénik] a. 우생학적인, 우수한 자손을 만드는
eugenics [juːdʒéniks] n. 우생학
befit [bifít] v. ~에 적합하다, 어울리다
bewitch [biwítʃ] v. 마법을 걸다, 홀리다
belie [bilái] v. 거짓임을 드러내다, 착각하게 만들다 〔잘못 전하다〕
belittle [bilítl] v. 하찮게 만들다
Pan-American [pæn-əmérikən] a. 범미의
pandemonium [pæ̀ndəmóuniəm] n. 대혼란, 아비규환
bilingual [bailíŋgwəl] a. 두 개 언어를 할 줄 아는, 이중 언어를 사용하는
biweekly [baiwíːkli] a. 격주의
bimonthly [baimʌ́nθli] a. 두 달에 한 번의
biannual [baiǽnjuəl] a. 연 2회의
biennial [baiéniəl] a. 2년마다 있는
biennially [baiéniəli] ad. 2년마다, 2년에 한 번씩
binary [báinəri] a. 둘로 이루어진, 이진법의
bisexual [baisékʃuəl] a. 양성애의, 암수 한 몸의

66강 | 경선식영단어 공편토 복습용 암기장 |

chronic	_____	nihilism	_____
anachronism	_____	annihilate	_____
anachronistic	_____	bionic	_____
chronicle	_____	symbiosis	_____
mediocre	_____	biodiversity	_____
mediocrity	_____	amphibian	_____
intermediate	_____	amphibious	_____
intermediary	_____	phobia	_____
median	_____	acrophobia	_____
meddlesome	_____	claustrophobia	_____
meddle	_____	sequence	_____
abduct	_____	sequential	_____
abduction	_____	consecutive	_____
deduce	_____	sequel	_____
deductively	_____		
seduce	_____		
seduction	_____		
seductive	_____		
aqueduct	_____		
aggregate	_____		
aggregation	_____		
congregate	_____		
congregation	_____		
gregarious	_____		
segregate	_____		
segregation	_____		
annul	_____		
nullify	_____		

66강 | 복습

chronic [kránik] a. 만성적인, 고질적인
anachronism [ənǽkrənìzm] n. 시대착오, 시대착오적인 사람(관습/생각)
anachronistic [ənæ̀krənístik] a. 시대착오의
chronicle [kránikl] n. 연대기
mediocre [mì:dióukər] a. 과히 좋지는 않은, 평범한
mediocrity [mì:diákrəti] n. 평범, 보통
intermediate [ìntərmí:diət] a. 중간의, 중급의
intermediary [ìntərmí:dièri] n. 중재자, 중개인
median [mí:diən] a. 중앙의, 평균치의
meddlesome [médlsəm] a. 참견하기를 좋아하는
meddle [médl] v. 간섭하다, 쓸데없이 참견하다
abduct [æbdákt] v. 유괴하다, 납치하다
abduction [æbdákʃən] n. 유괴
deduce [didjú:s] v. 추론하다
deductively [didáktivli] ad. 추론적으로, 연역적으로
seduce [sidjú:s] v. 꾀다, 유혹하다
seduction [sidákʃən] n. 유혹
seductive [sidáktiv] a. 유혹하는
aqueduct [ǽkwədÀkt] n. 수로
aggregate n. [ǽgrigət] v. [ǽgrigèit] n. 합계 v. 종합하다
aggregation [æ̀grigéiʃən] n. 집합, 집합체
congregate [káŋgrigèit] v. 모이다
congregation [kàŋgrigéiʃən] n. 모임, 집회, 모인 사람들
gregarious [grigέəriəs] a. 사교적인, 무리를 지어 사는
segregate [ségrigèit] v. 차별하다, 분리하다
segregation [sègrigéiʃən] n. 인종차별, 차별, 분리
annul [ənÁl] v. 폐기하다, 무효화하다
nullify [nÁlifài] v. 무효화하다
nihilism [náiilìzm] n. 허무주의
annihilate [ənáiəlèit] v. 전멸시키다, 붕괴하다
bionic [baiánik] a. 생체공학적인

symbiosis [sìmbióusis] n. 공생
biodiversity [bàioudivə́:rsəti] n. 생물의 다양성
amphibian [æmfíbiən] [1] n. 양서류 [2] a. 수륙 양용의
amphibious [æmfíbiəs] a. 수륙 양서의, 수륙 양용의, 육해공군 공동의
phobia [fóubiə] n. 공포증
acrophobia [ǽkrəfóubiə] n. 고소 공포증
claustrophobia [klɔ̀:strəfóubiə] n. 폐소 공포증, 밀실 공포증
sequence [sí:kwəns] n. 연속, 순서
sequential [sikwénʃəl] a. 연속의
consecutive [kənsékjutiv] a. 연속적인
sequel [sí:kwəl] n. (책·영화 등의) 속편

fictitious	_____	genealogy	_____
artifact	_____	indigenous	_____
malefactor	_____	heterogeneous	_____
benefactor	_____	homogeneous	_____
ultrasonic	_____	regenerate	_____
supersonic	_____	regeneration	_____
unison	_____	genesis	_____
resonant	_____	pathogen	_____
resonate	_____	progenitor	_____
avert	_____	progeny	_____
inverse	_____	edict	_____
subversive	_____	verdict	_____
subvert	_____	benediction	_____
converse	_____	malediction	_____
conversely	_____	interdict	_____
conversation	_____		
advert	_____		
inadvertent	_____		
inadvertently	_____		
invert	_____		
extrovert	_____		
introvert	_____		
ambivert	_____		
divert	_____		
diversion	_____		
revert	_____		
congenital	_____		
engender	_____		

67강 | 복습

fictitious [fiktíʃəs] a. 허구의, 지어낸
artifact [ά:rtəfækt] n. 공예품, 인공 유물
malefactor [mǽləfæktər] n. 악인, 범죄자
benefactor [bénəfæktər] n. (자선 단체 등의) 후원자
ultrasonic [ʌ̀ltrəsánik] a. 초음파의
supersonic [sjù:pərsánik] a. 초음속의
unison [jú:nəsn] n. 일치, 조화
resonant [rézənənt] a. 공명하는, (소리가) 깊이 울리는
resonate [rézənèit] v. 공명하다, (깊게) 울려 퍼지다
avert [əvə́:rt] v. 피하다, 얼굴(눈)을 돌리다
inverse [invə́:rs] a. 반대의
subversive [səbvə́:rsiv] a. 체제 전복적인, 파괴적인
subvert [səbvə́:rt] v. (체제를) 전복시키다, 뒤엎다
converse [kənvə́:rs] ¹v. 대화를 나누다 ²n. 정반대
conversely [kənvə́:rsli] ad. 거꾸로, 반대로
conversation [kɑ̀nvərséiʃən] n. 대화, 담화
advert [ædvə́:rt] ¹v. ~쪽으로 주의를 돌리다 ²v. 언급하다 ³n. 광고
inadvertent [ìnədvə́:rtnt] a. 부주의한, 우연한, 무심코의
inadvertently [inədvə́:rtntli] ad. 부주의하게, 무심코
invert [invə́:rt] v. 거꾸로 하다, 뒤집다
extrovert [ékstrəvə̀:rt] n. 외향적인 사람
introvert [íntrəvə̀:rt] n. 내성적인 사람
ambivert [ǽmbəvə̀:rt] n. 양향 성격자
divert [daivə́:rt] v. (방향·생각·기분 등을) 바꾸게 하다
diversion [daivə́:rʒən] n. (방향·기분 등의) 바꾸기
revert [rivə́:rt] v. (이전 상태로) 되돌아가다
congenital [kəndʒénitəl] a. 타고난, 선천적인
engender [indʒéndər] v. 발생시키다, 불러일으키다
genealogy [dʒì:niǽlədʒi] n. 가계, 혈통

indigenous [indídʒənəs] a. 토착의, 고유의
heterogeneous [hètərədʒí:niəs] a. 이질적인, 여러 다른 종류로 이뤄진
homogeneous [hòumədʒí:niəs] a. 동질적인, 동종의
regenerate [ridʒénərèit] v. 재건하다, 재생시키다
regeneration [ridʒènəréiʃən] n. 재건, 재생
genesis [dʒénəsis] n. 발생, 기원
pathogen [pǽθədʒən] n. 병원균
progenitor [proudʒénətər] n. 조상, 창시자
progeny [prάdʒəni] n. 자손
edict [í:dikt] n. 포고, 명령
verdict [və́:rdikt] n. (배심의) 평결, 판단
benediction [bènədíkʃən] n. 축복, 축복 기도
malediction [mælədíkʃən] n. 저주, 악담
interdict [íntərdìkt] v. 금지하다 n. 금지 명령

| 경선식영단어 공편토 복습용 암기장 |

herbivorous
carnivorous
omnivorous
savor
savory
voracious
devour
distort
distortion
retort
extort
extortion
superfluous
fluctuate
fluctuation
effluent
flux
influx
reflux
pendulous
perpendicular
pendant
equality
equation
equivalent
equity
equilibrium
equitable

sector
bisect
dissect
lucid
elucidate
translucent
pellucid
lucent
luminary
luminous
deluxe

herbivorous [həːrbívərəs] a. 초식성의
carnivorous [kɑːrnívərəs] a. 육식성의
omnivorous [ɑmnívərəs] a. 잡식성의
savor [séivər] v. 맛보다, 풍미가 있다 n. 맛, 풍미, 재미
savory [séivəri] a. 맛 좋은, 기분 좋은
voracious [vɔːréiʃəs] a. ¹ 게걸스럽게 먹는 ² 열렬히 탐하는
devour [diváuər] v. 게걸스럽게 먹다, 집어 삼키다
distort [distɔ́ːrt] v. 일그러뜨리다, (사실·생각 등을) 왜곡하다
distortion [distɔ́ːrʃən] n. 일그러짐, 왜곡
retort [ritɔ́ːrt] v. 맞받아 응수하다, 쏘아붙이다
extort [ikstɔ́ːrt] v. 강제로 탈취하다
extortion [ikstɔ́ːrʃən] n. 강탈
superfluous [supə́ːrfluəs] a. 과잉의, 필요 이상의
fluctuate [flʌ́ktʃuèit] v. 오르내리다, 변동하다
fluctuation [flʌ̀ktʃuéiʃən] n. 변동, 오르내림
effluent [éfluənt] n. 유출물, 폐수
flux [flʌks] n. 흐름, 끊임없는 변화
influx [ínflʌks] n. 유입, 쇄도
reflux [ríːflʌks] n. 썰물, 역류
pendulous [péndʒuləs] a. 축 늘어져 대롱거리는, 매달린
perpendicular [pə̀ːrpəndíkjulər] a. 수직의, 직각의
pendant [péndənt] n. (목걸이 줄에 거는) 장식 a. 아래로 매달린
equality [ikwɑ́ləti] n. 평등, 동등
equation [ikwéiʒən] n. 등식, 방정식
equivalent [ikwívələnt] a. 동등한, 같은
equity [ékwəti] n. 공평, 공정
equilibrium [ìːkwəlíbriəm] n. 균형, (마음의) 평정
equitable [ékwətəbl] a. 공평한, 공정한
sector [séktər] n. 부문, 분야, 지역
bisect [baisékt] v. 양분하다, 2등분하다

dissect [daisékt] v. 해부하다, 분석하다
lucid [lúːsid] a. 명쾌한, 또렷한
elucidate [ilúːsədèit] v. 자세히 설명하다, 해명하다
translucent [trænslúːsnt] a. 반투명한
pellucid [pəlúːsid] a. 투명한, 깨끗한
lucent [lúːsnt] a. 빛나는, 번쩍이는
luminary [lúːmənəri] n. (어떤 분야의) 권위자, 전문가
luminous [lúːmənəs] a. 빛을 내는, 야광의
deluxe [dəlʌ́ks] a. 호화로운, 고급의

germicide	
herbicide	
homicide	
insecticide	
genocide	
pesticide	
asteroid	
asterisk	
astrophysics	
frail	
frailty	
fracture	
fraction	
fractionally	
infraction	
fractious	
preclude	
recluse	
reclusive	
seclude	
secluded	
seclusion	
consensus	
nonsense	
nonsensical	
sensual	
sensory	
assent	

dissent	
dissension	
sentinel	
sentry	
presentiment	
sentient	
anonymous	
anonymously	
acronym	
pseudonym	
misnomer	
nominate	
nomination	
nominee	
nominal	
denominate	

germicide [dʒə́ːrməsàid] n. 살균제
herbicide [hə́ːrbəsàid] n. 제초제
homicide [háməsàid] n. 살인
insecticide [inséktəsàid] n. 살충제
genocide [dʒénəsàid] n. 종족 학살, 집단 학살
pesticide [péstisàid] n. 살충제, 농약
asteroid [ǽstərɔ̀id] n. 소행성
asterisk [ǽstərìsk] n. 별표(*)
astrophysics [ǽstroufíziks] n. 천체물리학
frail [freil] a. 연약한, 허약한
frailty [fréilti] n. 허약함, 취약점
fracture [frǽktʃər] n. 골절, 파손 v. 골절되다, 부서지다
fraction [frǽkʃən] n. ¹ 파편, 일부분 ² [수학] 분수
fractionally [frǽkʃənli] ad. 부분적으로
infraction [infrǽkʃən] n. (법규의) 위반
fractious [frǽkʃəs] a. 성깔 있는, 까다로운
preclude [priklúːd] v. 못하게 하다, 불가능하게 하다
recluse [rékluːs] n. 은둔자
reclusive [riklúːsiv] a. 세상을 버린, 은둔한
seclude [siklúːd] v. 격리시키다, 은둔시키다
secluded [siklúːdid] a. 격리된, 외딴
seclusion [siklúːʒən] n. 격리, 은둔
consensus [kənsénsəs] n. 의견 일치, 합의
nonsense [nánsens] n. 무의미한 말, 허튼 소리
nonsensical [nɑnsénsikəl] a. 터무니없는
sensual [sénʃuəl] a. 관능적인, 감각적인
sensory [sénsəri] a. 감각의
assent [əsént] v. 찬성하다 n. 찬성
dissent [disént] v. 반대하다 n. 반대
dissension [disénʃən] n. 의견의 차이, 불화
sentinel [séntənəl] n. 보초, 보초병
sentry [séntri] n. 보초, 보초병
presentiment [prizéntəmənt] n. 예감
sentient [sénʃənt] a. 감각 있는, 지각력 있는
anonymous [ənánəməs] a. 익명의

anonymously [ənánəməsli] ad. 익명으로
acronym [ǽkrənim] n. 머리글자로 된 말
pseudonym [súːdənim] n. 필명, 가명
misnomer [misnóumər] n. 부적절한 명칭
nominate [námənèit] v. (후보자로) 지명하다, 임명하다
nomination [nàmənéiʃən] n. 지명, 임명
nominee [nàməníː] n. 지명(임명)된 사람
nominal [námənl] a. ¹ 이름뿐인, 명목상의 ² (돈의 액수가) 이름뿐인, 얼마 안 되는
denominate [dinámənèit] v. ¹ ~라고 부르다, 명명하다 ² (단위·액수를) 매기다

psychodrama	_____	credence	_____
psychopath	_____	creed	_____
psyche	_____	credo	_____
psychiatry	_____	accede	_____
psychiatric	_____	secede	_____
psychiatrist	_____	secession	_____
psychoanalysis	_____	antecedent	_____
psychosis	_____	concede	_____
psychedelic	_____	intercede	_____
rectify	_____	proceed	_____
rectitude	_____	access	_____
provident	_____	accessible	_____
envisage	_____	inaccessible	_____
envision	_____	recessive	_____
invisible	_____	recession	_____
visible	_____	predecessor	_____
visionary	_____	incessant	_____
vision	_____		
improvise	_____		
provision	_____		
rupture	_____		
disrupt	_____		
disruption	_____		
disruptive	_____		
credit	_____		
discredit	_____		
incredulous	_____		
credulous	_____		

psychodrama [sàikədrǽmə] n. 심리극
psychopath [sáikəpæ̀θ] n. 정신병자
psyche [sáiki] n. 영혼, 정신
psychiatry [saikáiətri] n. 정신의학
psychiatric [saikiǽtrik] a. 정신의학의, 정신질환의
psychiatrist [saikáiətrist] n. 정신과 의사
psychoanalysis [sàikouənǽlisis] n. 정신분석(학)
psychosis [saikóusis] n. 정신병
psychedelic [sàikidélik] a. (약이) 황홀감을 일으키는, 환각제의
rectify [réktəfài] v. 바로잡다, 수정하다
rectitude [réktitjù:d] n. 정직, 청렴
provident [právədənt] a. 앞날에 대비하는
envisage [invízidʒ] v. 예상하다, 상상하다
envision [invíʒən] v. 상상하다
invisible [invízəbl] a. 보이지 않는, 볼 수 없는
visible [vízəbl] a. (눈에) 보이는, 명백한
visionary [víʒənèri] a. [1] 환영의, 환각의 [2] 예지력 있는
vision [víʒən] n. [1] 시력 [2] 환영 [3] 예지력
improvise [ímprəvàiz] v. (연주·연설 등을) 즉흥적으로 하다, 임시변통하다
provision [prəvíʒən] n. [1] 대비, 준비 [2] (~s) 식량 [3] 공급, 제공
rupture [rʌ́ptʃər] n. 파열, 파탄 v. 터지다, 파열되다
disrupt [disrʌ́pt] v. 방해하다, 지장을 주다
disruption [disrʌ́pʃən] n. 방해, 지장
disruptive [disrʌ́ptiv] a. 방해하는, 지장을 주는
credit [krédit] n. 신용, 신용거래, 명예, 학점
discredit [diskrédit] v. (신임·명예 등을) 떨어뜨리다 n. 불명예
incredulous [inkrédʒuləs] a. 의심하는, 믿지 않는
credulous [krédʒuləs] a. 잘 속는, 쉽게 믿는
credence [krí:dəns] n. 믿음, 신뢰
creed [kri:d] n. 신념, 교리

credo [krí:dou] n. 신조, 신념
accede [əksí:d] v. (요청·제의 등에) 응하다
secede [sisí:d] v. 분리 독립하다, 탈퇴하다
secession [siséʃən] n. 분리 독립, 탈퇴
antecedent [æ̀ntəsí:dnt] [1] a. 이전의 n. 선행 사건 [2] n. (~s) 선조
concede [kənsí:d] v. 인정하다, 수긍하다
intercede [ìntərsí:d] v. 중재하다
proceed [prəsí:d] v. 전진하다, 계속하다
access [ǽkses] v. 접근, 출입
accessible [əksésəbl] a. 접근(입장/이용) 가능한, 접근하기 쉬운
inaccessible [inəksésəbl] a. 접근할 수 없는
recessive [risésiv] a. [생물] 열성(劣性)의
recession [riséʃən] n. 경기후퇴, 불경기
predecessor [prédəsèsər] n. 전임자, 이전 것
incessant [insésnt] a. 끝없는, 끊임없는

71강

judicious
judicial
adjudicate
jurisdiction
justly
unjust
unanimous
unanimously
unanimity
equanimity
animosity
diffident
diffidence
fidelity
confide
confidential
perfidious
perfidy
infidel
bona fide
magnate
magnanimous
demonstrate
demonstration
endemic
pandemic
demography
precursor

excursion
incursion
concur
concurrence
concurrent
concurrently
theism
theist
atheism
atheist
atheistic
theology
theocracy
miniature
diminutive
diminution
minuscule

judicious [dʒu:díʃəs] a. 판단력 있는, 현명한
judicial [dʒu:díʃəl] a. 사법의, 재판의
adjudicate [ədʒú:dikèit] v. 판결하다
jurisdiction [dʒùərisdíkʃən] n. 관할권, 사법권
justly [dʒʌ́stli] ad. ¹ 바르게, 공정하게 ² 당연히
unjust [ʌndʒʌ́st] a. 부당한, 불공평한
unanimous [ju:nǽnəməs] a. 만장일치의
unanimously [ju:nǽnəməsli] ad. 만장일치로
unanimity [jù:nəníməti] n. 만장일치
equanimity [ì:kwəníməti] n. 평정, 침착
animosity [ænəmásəti] n. 원한, 적대감
diffident [dífidənt] a. 자신 없는, 소심한
diffidence [dífidəns] n. 자신 없음, 소심함
fidelity [fidéləti] n. 충성, 충실
confide [kənfáid] v. 신뢰하다, (비밀을) 털어놓다
confidential [kànfədénʃəl] a. 비밀의
perfidious [pərfídiəs] a. 신뢰할 수 없는, 배반하는
perfidy [pə́:rfədi] n. 불신, 배반 (행위)
infidel [ínfədl] n. 신앙심이 없는 자, 이교도
bona fide [bóunə fàid] a. 진실된, 진짜의
magnate [mǽgneit] n. (어떤 분야의) 거물
magnanimous [mægnǽnəməs] a. 관대한
demonstrate [démənstrèit] v. ¹ 데모하다, 시위하다 ² 증명하다, 시범을 보이다
demonstration [dèmənstréiʃən] n. ¹ 데모, 시위 ² 증명, 시범
endemic [endémik] a. (특정 지역) 고유의, 풍토성의 n. 풍토병
pandemic [pændémik] n. 전국적인(세계적인) 유행병
demography [dimágrəfi] n. 인구통계학, 인구 변동
precursor [priká:rsər] n. 선구자, 전조前兆
excursion [ikská:rʒən] n. 소풍, 짧은 여행
incursion [inká:rʒən] n. 급습
concur [kənká:r] v. 동의하다, 일치하다

concurrence [kənká:rəns] n. 동의, 일치, 동시발생
concurrent [kənká:rənt] a. 동시에 일어나는
concurrently [kənká:rəntli] ad. 동시에
theism [θí:izm] n. 유신론
theist [θí:ist] n. 유신론자
atheism [éiθiìzm] n. 무신론
atheist [éiθiist] n. 무신론자
atheistic [èiθiístik] a. 신의 존재를 부인하는, 무신론자의
theology [θiálədʒi] n. 신학
theocracy [θiákrəsi] n. 신권 정치, 신정 국가
miniature [míniətʃər] a. 소형의 n. 축소모형
diminutive [dimínjutiv] a. 아주 작은
diminution [dìmənjú:ʃən] n. 축소, 감소
minuscule [mínəskjù:l] a. 아주 작은, 극소의

72강

| 경선식영단어 공편토 복습용 암기장 |

acerbic
acrid
acrimonious
acrimony
acupuncture
acute
acuity
acumen
soluble
insoluble
dissolution
dissolve
interlocutor
soliloquy
loquacious
colloquial
lateral
bilateral
unilateral
multilateral
equilateral
invoke
invocation
equivocal
equivocate
vociferous
evoke
evocation

revoke
revocation
irrevocable
irrevocably
disclaim
reclaim
reclamation
proclaim
extract
retract
retractable
retraction
intractable
tractable
replenish
plethora
replete
plenary

acerbic [əsə́:rbik] a. (비판·평가 등이) 날카로운, 신랄한
acrid [ǽkrid] a. 콕 쏘는, 매캐한
acrimonious [ǽkrəmóuniəs] a. 폭언이 오가는, 신랄한
acrimony [ǽkrəmòuni] n. 악감정
acupuncture [ǽkjupʌ̀ŋktʃər] n. 침술 (요법)
acute [əkjú:t] a. ¹ (감각·이해력이) 예리한 ² 극심한
acuity [əkjú:əti] n. (감각이) 예리함, 예민함
acumen [əkjú:mən] n. (일에 대한 날카로운) 감각, 통찰력
soluble [sáljubl] a. ¹ 녹는, 용해되는 ² 해결할 수 있는
insoluble [insáljubl] a. ¹ 녹지 않는 ² 해결할 수 없는
dissolution [dìsəlú:ʃən] n. 해체, 해산
dissolve [dizálv] v. ¹ 해산시키다 ² 녹다, 녹이다
interlocutor [ìntərlákjutər] n. 대화 상대
soliloquy [səlíləkwi] n. 독백
loquacious [loukwéiʃəs] a. 수다스러운
colloquial [kəlóukwiəl] a. 구어의
lateral [lǽtərəl] a. 옆의, 측면의
bilateral [bailǽtərəl] a. 양측의, 쌍방의
unilateral [jù:nilǽtərəl] a. 일방적인, 단독의
multilateral [mʌ̀ltilǽtərəl] a. 다자간의, 다각적인
equilateral [ì:kwəlǽtərəl] a. 등변의 n. 등변
invoke [invóuk] v. ¹ (법·규칙 등을) 들먹이다, 적용하다 ² 기원하다, 호소하다
invocation [ìnvəkéiʃən] n. 기도, 기원
equivocal [ikwívəkəl] a. 애매한, 모호한
equivocate [ikwívəkèit] v. 얼버무리다, 애매하게 말하다
vociferous [vousífərəs] a. 소리 높여 외치는, 시끄러운
evoke [ivóuk] v. (기억·감정·이미지 등을) 불러일으키다, 떠올려 주다
evocation [èvəkéiʃən] n. 불러일으킴, (기억 등의) 환기
revoke [rivóuk] v. 취소하다, 철회하다
revocation [rèvəkéiʃən] n. 취소, 철회
irrevocable [irévəkəbl] a. 취소할 수 없는, 변경할 수 없는
irrevocably [irévəkəbli] ad. 취소할 수 없이, 결정적으로
disclaim [diskléim] v. 부인하다, 포기하다
reclaim [rikléim] v. ¹ 되찾다, (반환을) 요구하다 ² 개간하다
reclamation [rèkləméiʃən] n. 개간, 간척
proclaim [proukléim] v. 선언하다, 선포하다
extract [ikstrǽkt] v. 추출하다 n. 추출, 발췌
retract [ritrǽkt] v. 취소하다, 철회하다
retractable [ritrǽktəbl] a. 취소할 수 있는
retraction [ritrǽkʃən] n. 취소, 철회
intractable [intrǽktəbl] a. (사람·물건 등이) 다루기 어려운
tractable [trǽktəbl] a. 다루기 쉬운
replenish [riplénis] v. 다시 채우다, 보충하다
plethora [pléθərə] n. 과다, 과잉
replete [riplí:t] a. 가득한
plenary [plí:nəri] a. 총회의, 전원 출석의

73강

| 경선식영단어 공편토 복습용 암기장 |

carnage　　　　_____
reincarnation　　_____
incarnation　　_____
carcass　　　_____
epicenter　　_____
decentralize　　_____
centripetal　　_____
centrifugal　　_____
eccentric　　_____
impassive　　_____
pathetic　　_____
apathy　　　_____
apathetic　　_____
empathy　　_____
demise　　　_____
premise　　　_____
emissary　　_____
remit　　　　_____
missionary　　_____
primary　　　_____
primarily　　_____
primal　　　_____
primate　　　_____
prima donna　_____
scribble　　　_____
circumscribe　_____
transcribe　　_____
manuscript　　_____

inscription　　_____
inscribe　　　_____
digress　　　_____
digression　　_____
regress　　　_____
regression　　_____
transgress　　_____
transgression　_____
pronounce　　_____
pronounced　　_____
pronunciation　_____
denounce　　_____
renounce　　_____
enunciate　　_____

carnage [káːrnidʒ] n. 대학살
reincarnation [riːìnkɑːrnéiʃən] n. 환생
incarnation [ìnkɑːrnéiʃən] n. ¹ 화신(化身) ² 생애
carcass [káːrkəs] n. (짐승·사람의) 시체
epicenter [episéntər] n. 진원지, 중심점
decentralize [diːséntrəlàiz] v. 권한을 분산시키다, 지방분권화하다
centripetal [sentrípitl] a. 구심의, 구심력을 이용하는
centrifugal [sentrífjugəl] a. 원심의, 원심력을 이용하는
eccentric [ikséntrik] a. 별난, 괴상한
impassive [impǽsiv] a. 무표정한, 아무런 감정이 없는
pathetic [pəθétik] a. 불쌍한, 애처로운
apathy [ǽpəθi] n. 무관심, 무감정
apathetic [ǽpəθétik] a. 무관심한, 무감정한
empathy [émpəθi] n. 감정 이입, 공감
demise [dimáiz] n. ¹ 종말, 소멸 ² 사망
premise [prémis] n. 전제
emissary [éməsèri] n. 특사, 사절
remit [rimít] ¹ v. (돈을) 송금하다 ² n. 소관
missionary [míʃənəri] n. 선교사 a. 선교의
primary [práimeri] a. 주요한, 최초의
primarily [praiméroli] ad. 주로
primal [práiməl] a. 원시의, 태고의
primate [práimeit] n. 영장류 (동물)
prima donna [prìːmə dɔ́ːnə] n. 오페라의 주역 여배우
scribble [skríbl] v. 갈겨쓰다, 낙서하다 n. 낙서
circumscribe [sə́ːrkəmskràib] v. 제한하다, ~의 둘레에 선을 긋다
transcribe [trænskráib] v. 기록하다, 옮겨 적다
manuscript [mǽnjuskrìpt] n. (책 등의) 원고
inscription [inskrípʃən] n. (돌·금속·책 등에) 새겨진 글

inscribe [inskráib] v. (비석 등에) 새기다, 기입하다
digress [daigrés] v. (주제에서) 벗어나다
digression [daigréʃən] n. 탈선, 벗어남
regress [rigrés] v. 퇴보하다
regression [rigréʃən] n. 후퇴, 역행
transgress [trænsgrés] v. (법이나 규범을) 위반하다
transgression [trænsgréʃən] n. 위반, 범죄
pronounce [prənáuns] v. 발음하다, 선언하다, 단언하다
pronounced [prənáunst] a. 천명된, 확연한, 단호한
pronunciation [prənʌ̀nsiéiʃən] n. 발음
denounce [dináuns] v. 맹렬히 비난하다, 고발하다
renounce [rináuns] v. 포기하다, 단념하다
enunciate [inʌ́nsièit] v. 똑똑히 발음하다(말하다)

sedative	profuse
sedate	infusion
sedentary	infuse
supersede	transfuse
dissident	transfusion
verb	effuse
adverb	effusive
verbose	effusion
verbosity	suffuse
verbiage	emancipate
verbatim	emancipation
abstain	manacle
abstinence	manuscript
abstain from	dehydrate
detain	carbohydrate
detention	veracious
retention	veracity
retain	verify
tenable	veritable
untenable	verity
biped	grandeur
quadruped	grandiose
centipede	convene
impediment	convention
impede	contravene
pedestrian	contravention
speculate	intervene
circumspect	intervention
retrospect	advent
retrospective	circumvent
retrospection	circumvention
conspicuous	

sedative [sédətiv] a. 진정시키는 n. 진정제
sedate [sidéit] v. 진정시키다 a. 차분한, 침착한
sedentary [sédntəri] a. 앉아서 일하는, 많이 움직이지 않는
supersede [sùːpərsíːd] v. 대신하다, 대체하다
dissident [dísidənt] a. 반체제의 n. 반체제 인사
verb [vəːrb] n. 동사
adverb [ǽdvəːrb] n. 부사
verbose [vəːrbóus] a. 말이 많은, 장황한
verbosity [vərbásəti] n. 말이 많음, 수다, 장황
verbiage [vəːrbiidʒ] n. 군말이 많음, 장황함
verbatim [vərbéitim] ad. 말(글자) 그대로 a. 말(글자) 그대로의
abstain [æbstéin] v. ¹ 삼가다, 자제하다 ² (투표에서) 기권하다
abstinence [ǽbstənəns] n. 자제, 금욕
abstain from ~을 삼가다
detain [ditéin] v. 억류하다, 감금하다
detention [diténʃən] n. 억류, 감금
retention [riténʃən] n. 보유, 유지
retain [ritéin] v. 보유하다, 유지하다
tenable [ténəbl] a. (공격·비판으로부터) 방어될 수 있는, 유지할 수 있는
untenable [ʌnténəbl] a. 방어될 수 없는, 옹호될 수 없는
biped [báiped] n. 두 발 동물
quadruped [kwádrupèd] n. 네발짐승
centipede [séntəpìːd] n. 지네
impediment [impédəmənt] n. 장애, 방해
impede [impíːd] v. 방해하다, 훼방하다
pedestrian [pədéstriən] n. 보행자
speculate [spékjulèit] v. ¹ 추측하다 ² (주식·토지 등에) 투기하다
circumspect [sə́ːrkəmspèkt] a. 신중한, 주의 깊은
retrospect [rétrəspèkt] n. 회고 v. 회고하다
retrospective [rètrəspéktiv] a. 회고의
retrospection [rètrəspékʃən] n. 회고

conspicuous [kənspíkjuəs] a. 눈에 잘 띄는
profuse [prəfjúːs] a. 많은, 다량의
infusion [infjúːʒən] n. 주입, 투입
infuse [infjúːz] v. 주입하다, 투입하다
transfuse [trænsfjúːz] v. 수혈하다, 주입하다
transfusion [trænsfjúːʒən] n. 수혈, 옮겨 부음
effuse [ifjúːz] v. 분출하다, (감정을) 쏟아내다
effusive [ifjúːsiv] a. (감정 표현이) 야단스러운, 과장된
effusion [ifjúːʒən] n. 발산, 유출, (감정)토로
suffuse [səfjúːz] v. 온통 퍼지다(번지다)
emancipate [imǽnsipèit] v. 해방시키다
emancipation [imænsəpéiʃən] n. (노예 등의) 해방, 이탈
manacle [mǽnəkl] n. 수갑 v. 수갑을 채우다
manuscript [mǽnjuskrìpt] n. 원고
dehydrate [diːháidreit] v. 탈수되다, 건조시키다
carbohydrate [kàːrbouháidreit] n. 탄수화물
veracious [vəréiʃəs] a. 진실한, 정직한
veracity [vərǽsəti] n. 진실성, 정직함
verify [vérəfài] v. 진실을 입증하다, 확인하다
veritable [vérətəbl] a. 진정한, 진짜의
verity [vérəti] n. 진리, 진실
grandeur [grǽndʒər] n. 웅대함, 장엄함
grandiose [grǽndiòus] a. (너무) 거창한
convene [kənvíːn] v. (회의 등을) 소집하다, 모임을 갖다
convention [kənvénʃən] n. ¹ 모임, 집회 ² 전통, 관습
contravene [kàntrəvíːn] v. 위반하다
contravention [kàntrəvénʃən] n. 위반
intervene [ìntərvíːn] v. 개입하다, 중재하다
intervention [ìntərvénʃən] n. 개입, 중재
advent [ǽdvent] n. 출현, 도래
circumvent [sə̀ːrkəmvént] v. 우회하다, 회피하다
circumvention [sə̀ːrkəmvénʃən] n. 우회, 회피

보충어휘

deflect	_____	derelict	_____
collateral	_____	dereliction	_____
paradoxical	_____	blemish	_____
paradox	_____	lapse	_____
adamant	_____	elapse	_____
compelling	_____	referendum	_____
scrap	_____	glimmer	_____
scrape	_____	dupe	_____
breach	_____	categorical	_____
susceptible	_____	categorically	_____
susceptibility	_____	vest	_____
saturate	_____	statute	_____
squad	_____	portfolio	_____
inclement	_____	ad hoc	_____
clement	_____	billow	_____
expedient	_____	dwarf	_____
expediency	_____	carousel	_____
lame	_____	postulate	_____
ingratitude	_____	bout	_____
gratitude	_____	bundle	_____
pertain	_____	caveat	_____
pertinent	_____	compost	_____
agnostic	_____	cranky	_____
agnosticism	_____	levy	_____
rookie	_____	matrix	_____
emphatic	_____	ramp	_____
emphatically	_____	smack	_____
nostalgia	_____	snore	_____
vigilance	_____	tout	_____
vigilant	_____	writ	_____
caption	_____	insinuate	_____
protocol	_____	epitome	_____
marshal	_____	epitomize	_____
brisk	_____		

보충어휘 | 복습

deflect [diflékt] v. ¹ 방향을 바꾸다(바꾸게 하다) ² 피하다
collateral [kəlǽtərəl] ¹ a. 부수적인 ² n. 담보물
paradoxical [pærədɔ́ksikəl] a. 역설적인, 모순된
paradox [pǽrədɑ̀ks] n. 모순
adamant [ǽdəmənt] a. 단호한, 확고한
compelling [kəmpéliŋ] a. ¹ 강제적인, 어쩔 수 없는 ² 흥미로운 ³ 설득력 있는
scrap [skræp] n. 한 조각, (신문 등의) 오려낸 것, 스크랩
scrape [skreip] v. 긁다, 긁어내다
breach [briːtʃ] n. 위반, 파기 v. 위반하다
susceptible [səséptəbl] a. 민감한, 영향받기 쉬운
susceptibility [səsèptəbíləti] n. 민감성, 감수성
saturate [sǽtʃurèit] v. ¹ 흠뻑 적시다 ² 포화상태로 만들다
squad [skwɑd] n. (군대의) 분대, (경찰서의) 반, 팀
inclement [inklémənt] a. (날씨가) 험한, 악천후의
clement [klémənt] a. 온화한, 너그러운
expedient [ikspíːdiənt] ¹ a. 합당한, 편리한 ² n. 방편, 편법
expediency [ikspíːdiənsi] n. 편의, 방편, 편리한 방법
lame [leim] a. ¹ 다리를 저는 ² 설득력 없는
ingratitude [ingrǽtətjùːd] n. 배은망덕, 은혜를 모름
gratitude [grǽtətjùːd] n. 감사
pertain [pərtéin] v. 속하다, 관련되다, 적용되다
pertinent [pə́ːrtənənt] a. 관계있는, 속하는, 적절한
agnostic [ægnóustik] n. 불가지론자(신의 존재는 알 수 없다고 생각하는 사람)
agnosticism [ægnɑ́stəsìzm] n. 불가지론
rookie [rúki] n. 초심자, 신인 선수
emphatic [imfǽtik] a. 단호한, 강조하는
emphatically [imfǽtikəli] ad. 단호하게
nostalgia [nɑstǽldʒə] n. 향수(鄕愁), 노스텔지어
vigilance [vídʒələns] n. 경계, 조심

vigilant [vídʒələnt] a. 경계하는, 불침번의
caption [kǽpʃən] n. 표제, 제목, 자막
protocol [próutəkɔ̀ːl] n. ¹ 협약, 규약 ² 외교 의례
marshal [mɑ́ːrʃəl] n. ¹ (육군) 원수 ² (행사 등의) 진행 요원
brisk [brisk] a. ¹ 활기찬, 바쁜 ² (장사가) 호황의 ³ 상쾌한
derelict [dérəlìkt] a. ¹ 버려진, 방치된 ² 태만한
dereliction [dèrəlíkʃən] n. ¹ 버려짐, 유기 ² 태만
blemish [blémiʃ] n. 결함, 흠
lapse [læps] ¹ n. (시간의) 경과 ² n. 실수, 착오 ³ v. (효력이) 소멸되다
elapse [ilǽps] v. (시간이) 경과하다
referendum [rèfəréndəm] n. 국민투표
glimmer [glímər] n. (희미하게) 깜빡이는 빛, 어렴풋한 기미 v. (희미하게) 빛나다
dupe [djuːp] v. 속이다 n. 잘 속는 사람, 얼간이
categorical [kæ̀təgɔ́ːrikəl] a. ¹ 단정적인, 절대적인 ² 범주에 속하는
categorically [kæ̀təgɔ́ːrikəli] ad. 단정적으로, 절대적으로
vest [vest] ¹ n. (구명·방탄 등을 위한) 조끼, 속옷 ² v. (권리 등을) 부여하다
statute [stǽtʃuːt] n. 법규, 법령, 규칙
portfolio [pɔːrtfóuliòu] n. ¹ 서류 가방 ² (사진·그림 등의) 작품집 ³ 자산구성, 목록
ad hoc [ǽd hɑ́k] a. 특별한 목적을 위한, 임시의
billow [bílou] v. (바람에) 부풀어 오르다, (연기 등이) 피어오르다
dwarf [dwɔːrf] n. 난쟁이 a. 소형의 v. ~을 작게 만들다
carousel [kærəsél] n. 수하물 컨베이어벨트, 회전목마
postulate [pɑ́stʃulèit] v. (무엇이 사실이라고) 가정하다
bout [baut] n. ¹ 한바탕, 일시적 기간 ² 시합
bundle [bʌ́ndl] n. 묶음, 꾸러미

caveat [kǽviæt] n. 통고, 경고
compost [kάmpoust] n. 퇴비, 두엄
cranky [krǽŋki] a. ¹ 기이한 ² 짜증내는
levy [lévi] n. (세금의) 추가 부담금 v. (세금 등을) 부과하다
matrix [méitriks] n. ¹ 행렬 ² 모체, 기반
ramp [ræmp] n. 경사로, (고속도로) 램프, 진입로
smack [smæk] v. 때리다, 강타하다

snore [snɔ:r] v. 코를 골다 n. 코 고는 소리
tout [taut] ¹ v. 홍보하다, 권유하다 ² v. 암표를 팔다 n. 암표상
writ [rit] n. (법원의) 영장
insinuate [insínjuèit] v. 넌지시 말하다(암시하다)
epitome [ipítəmi] n. ¹ 요약 ² 전형적인 예
epitomize [ipítəmàiz] v. ¹ 요약하다 ² 전형적인 예를 보여주다

MEMO

MEMO

MEMO